Farol

Farol

en ö, en höst, ett kapitel

roman

av

STEFANO FOCONI

Förlag: BoD · Books on Demand, Stockholm, Sverige
Tryck: Libri Plureos GmbH, Hamburg, Tyskland
ISBN: 978-91-8114-459-8

Av Stefano Foconi har tidigare givits ut:

Lergök, 1991
Inga vildar, 1992
Vitahusår, 1993
Rå umbra bränd umbra, 1998
Gubben i taket, några Iran (med Tomas Andersson), 2003
Människa strax, 2006
Café Musa, egyptiska resor (med Tomas Andersson), 2007
Turkarnas land, anatoliska porträtt (med Tomas Andersson), 2009
Om trädgårdskonsten, 2011
Hade en bror, 2012
Istanbul, vandringar i Europas största stad, 2014
Levanten, Mellanöstern utan gränser (med Tomas Andersson), 2016
Om kokkonsten, 2017
Om kärlekskonsten, 2020
I skuggan av muren – Israel/Palestina (med Tomas Andersson), 2021
Tre dystopier (Senilia, Tvåtusentjugoåtta och Neutronstjärnan), 2023
Om dödskonsten, 2024

It was as dangerous to have one's work recognized as it was to have it ignored.

Eileen Simpson, Poets In Their Youth, A Memoir

Soon we shall also wend our ways towards the place where Spain and Portingale do jointly knit their frontiers (From: The Spainish Tragedy containing the lamentable end of Don Horatio and Bel-Imperia with the pitiful death of old Hieronimo).

Jan Kauri, Stockholm 17/8 1983

I seem to be flogging a dead horse, but the ghost of this horse is what makes the historical critics feel so confident.

William Empson, Using Biograhpy

Prolog: Framkallning

I natt drömde jag om Jan Kauri. Han var fortfarande bland oss och såg likadan ut som i slutet av sitt liv. Håret var kammat på sedvanligt vis och inte gråare. Jeansjackan hade dock bytts ut mot en kavaj och han uttryckte sig nog en aning lugnare, eller i alla fall något mer inkluderande, medgörligare, mindre kantigt eller skyggt. Eller var han kanske säkrare på sig själv, möjligtvis i högre grad erkänd, inte längre lika långt ute i kylan? Han var alltjämt i högsta grad aktiv, fast skrev tydligen främst essäer om andra författare, klassiker. Namn som Faulkner, Poe, Swift, Sterne, Conrad, Proust, Céline, Kafka, Joseph Roth, Benn, Fallada, von Kleist, Büchner, Marlowe, Kyd, Baudelaire, Lowry, Lermontov, Burton, Gass, Gaddis, O'Connor, Melville, Chaucer, Donne och vilka det nu rörde sig om virvlade runt, även om han också initierat uttalade sig i språk- och översättningsfrågor och om olika utgåvor av etymologiska ordböcker.

I drömmen var han inte längre en väl bevarad hemlighet, utan befann sig ute på ett arrangemang av något slag, ett bibliotek, författarcentrum eller översättarseminarium, antagligen i så fall ditbjuden, förmodligen för att tala, antagligen hålla en föreläsning. Skulle han sova över?

En vinterkväll för många år sedan satt jag uppe på vindslagret i min frus ateljé. Vi tittade på gamla diabilder från gemensamma resor i Nordafrika. Sist, längst bak i den avslutande kassetten, fanns tio foton från Jans och min vistelse på Farol 1983. Det var den enda dokumentation jag hade, exakt det antal bilder som tagits därifrån, sista dagen före avresan, ett par timmar före färjans avgång, och som jag otaliga gånger granskat i min lilla batteridrivna, föga ljusstarka, handhållna diabildsvisare, för att söka påminnas hur ön koloristiskt såg ut. På den tiden fotade jag trots uppenbar ambivalens ännu sparsamt, inklusive tog enskilda bilder på människor, omoget nog, intrång efter intrång, slentrianmässigt, i all onödighet, kroppar eller föremål.

Jag var på ateljélagret icke desto mindre angelägen att visa bilderna för att fråga min fru till råds, såsom konstnär, angående de rätta färgbeteckningarna på Farols enstaka uppstickande stenar och dominerande sanddyner, vad man kunde kalla novemberhavets stormskummiga vågors nyanser.

Bildvisningen hade varit lång, med många gemensamma minnen. Den enda platsen hon inte varit på var Farol, så jag förklarade vad det var vi såg på de nio första diorna, hälften avbildande farvattnet närmast ön – långt mer Atlantens slut än Medelhavets början – resten ägnade åt sandstigarna mellan den serie fallfärdiga, skeva och pyttesmå kåkar till sommarstugor som portugisiska fastlandsfamiljer från den intilliggande småstaden Olhão uppfört. Den tionde och sista diabilden var alldeles misslyckad, kolsvart, men fanns med också den i kassetten, och fick sitta kvar i projektorn efter att visningen var klar, till fläktens konstanta vinande. Vi fortsatte tala om Jans och min av litterära åtaganden genomsyrade höst på sandreveln Farol, ända till dess min fru sade att det var som om hon i det kolsvarta ändå började urskilja konturerna av ett rum. Jag gick fram till den skimrande projektionsduken, granskade den i mörkret så uppmärksamt jag bara kunde, och visst, även jag anade tids nog – efter säkert en kvart i beckmörker – antydningen till en portal i bildens mitt, och hävdade att det i så fall borde röra sig om ett foto taget från vardagsrummet, in mot badrummet och köket i huset vi hyrde på Farol.

– Men är det inte formen av en människa man ser? Är det någon som står där?

Och mycket riktigt. Efter att ha försökt vänja ögonen ytterligare tio minuter vid mörkret framträdde också för mig, gradvis allt tydligare, den svarta siluetten av en gående människa under valvet. Det måste vara Jan.

Jag tog diabilden till det bästa proffslabbet i Stockholm. Jag ville att de skulle scanna diat och i övrigt underkasta resultatet vilka som helst manipulativa digitala tricks för att det om möjligt skulle gå att urskilja vad det felexponerade fotot varit tänkt att avbilda, och si; labbet ringde några dagar senare och hävdade att de *ut ur skuggorna* fått en mustaschprydd mansperson att träda fram.

Jan visade sig i sinom tid Johnny Walker-energiskt gående i svarta jeans med bar överkropp och en vit kaffekopp i ena handen mellan ett rum till vänster i riktning mot höger (i så fall från Jans arbetsrum ut till köket) blickande med ansiktet vänt nittio grader mot kroppen rakt på den oannonserade fotografen, med det i brunt på vitt kaklade badrummet bakom sig, dörren ditin öppen och fönstret för evigt uppfällt, magiskt strålande av oföränderligt fastfruset dagsljus.

Exakt ett kvarts århundrade hade gått från det att bilden togs och jag kunde granska Jan på Farol igen.

Det brukar hävdas att drömmen är en önskeuppfyllelse, och det kan den väl vara, stundom, mellan alla maror och otydligheter, brus. Ett foto är emellertid ävenledes en dröm, eller detsamma som att komma och gå. Att försvinna och ett ögonblick träda fram som ett bloss i mörkret är att vara till, ha funnits som människa eller att tids nog (aldrig) bli en sådan, att drömma varvat med att ligga plågad i vakan eller stillnad i sömnen, att ömsom framleva som gammal, stel och frusen och ömsom nyss avnavlad, rumsren, med mjölktänderna alltjämt intakta, rusas igenom av starka hormoner, skrumpna ihop, att öppnas och sakta slutas, stiga fram, stegas upp och abrupt knuffas av.

Galterud 2008

Envåningshuset var bland de större på ön, uppfört av armerat tegel överslammat med vit puts, i så kallad morisk stil. Österut, på baksidan av den med betongblock avgränsade antydningen till trädgård, stod ett skjul. I husets nordöstra hörn – intill toaletten – låg ett halvstort sånär som på en enkel våningsslaf tomt rum, i nordvästra hörnet ett fullt utrustat kök med gasspis och ytterdörr. Taket dominerades av en mörkbrun vattentank. Vardagsrummet var kvadratiskt, med murad massiv bardisk och cementsoffa, ett par höga rottingstolar framför baren, så obekväma att antagligen ingen någonsin klarat att använda sig av dem, två svarta fåtöljer i läderimitation, ett bord och ett gasoldrivet kylskåp. Sydvästra hörnet hade försetts med en i sidled skjutbar glasdörr ut mot altanen, på framsidan, och mindre fönster mot sandstigen till gata och åt grannarna västerut. Två celliknande sovrum fanns intill.

Uppvaknandet var hårt. Jan ryckte till, först lika desorienterad som knastertorr i halsen. Mörkret var alltuppslukande. Han kunde inte urskilja några väggar. Kanske hade han blivit blind och svävade orörlig i tomma intet?

Skallen bankade så intensivt att han omöjligt kunde ignorera smärtan. Kroppen täcktes av ett lager kallsvett.

När han började kunna orientera sig tänkte Jan att de trots allt hade tagit sig förbi de initiala vanskligheterna; det viktigaste var att ha lyckats leta sig fram till inte bara första bästa ö, utan en på vilken de nu av egen fri vilja torde hålla sig kvar hela hösten ut.

Skulle han kunna flytta hit för gott? Hur vore det att varje morgon hädanefter, det första han gjorde, undra över hur vinden vridit sig under natten? Varför inte ersätta den gamla vanliga tröstlösa studie- och undervisningskvarnen där hemma med sin motsats? Portugal var Västeuropa och icke desto mindre fanns här fortfarande både tid och plats, åtminstone just i stunden och ett stycke framåt, för att utan störningar och till en billig penning ägna sig åt sitt eget. Han hade ändå för första gången klarat att bygga upp en liten ekonomisk buffert och behövde inte oroa sig för undervisningen imorgon, inte sopbilarna som hade mage att stå på tomgång i gryningen, en gång i veckan, rakt under fönstret på smala Tavastgatan heller.

Trots huvudvärken tyckte han det varit värt att först dricka en liter vitt på delning med Stefan så tidigt på dagen, i värmen, snabbt, och så fortsätta med olika lokala spritsorter. Visst somnade han, men måste därför upp och släcka törsten och helst lägga sig ett tag till.

Här i beckmörkret var det i alla fall ingen som fick syn på honom, som i Kafkarummet, inga handelsresande som när som helst strök förbi mitt i natten. Kanske borde vistelsen på Farol kunna innebära ett slags välbehövligt uppskov, om inte mer.

Först hade två döttrar fötts, men de var ju bara flickor, och så äntligen en son att fästa större förhoppningar vid, eller krav, en frisk efterlängtad gosse, ett spenabarn på vars axlar man tids nog kunde lägga större uppgifter, tre och ett halvt kilo framtid, blöjstadiets inkarnerade guldkalv, en tandlös förväntning, en Jaan Hendrik till projektionsyta, en främling, en fantom.

Han vände sig på sidan och försökte somna om, men måste erkänna att han var klarvaken.

Stefan antog att Jan alltjämt sov, så han satte sig ute i vardagsrummet med anteckningsbok och penna, mån om att trots ett vasst borrande, i synnerhet bakom högra ögat, komma igång. Visst kunde Jan få ha hörnrummet som sin arbetsdomän, när han så enträget insisterade på att slippa bli tittad på i skrivakten, främst mot bakgrund av att Stefan för sin del jobbade lika bra här ute, eller dåligt, oavsett. De hade därefter inga problem att bli överens om att Stefan tog sovrummet med fönster och Jan det tystare utan, för att så mycket som möjligt stänga ute vågornas och blåstens föränderliga drön.

Stefan behövde använda sig av samtliga tre blomstriga dynor som hörde till betongsoffan för att kunna sitta någorlunda bekvämt, även om han då riskerade att tippa över ända och välta från det rangliga berget av kuddar.

Solskenet var ännu kraftigt där ute, men vinden i avtagande. I natt däremot gick det inte att undgå att höra hur vågarna smackade in i piren, bredsida efter bredsida, lika regelbundet som sugande, fram och tillbaka stup i ett.

De var här och hade tvivels utan hittat rätt. Att solskenet var hänsynslöst gjorde honom inget, att befinna sig på ett tämligen isolerat sandrev föreföll idealiskt. Att vitvinet till lunchfisken verkade lika skoningslöst som att vistas utomhus i det bländande solgasset en hel dag utan hatt fick han betala för nu. Det rörde sig inte heller om något åttaprocentigt vinho verde, så det blev trots planer i motsatt riktning bara att gå direkt tillbaka och sova. Supandet fick inte bli en ritual. Han måste se till att ändra på alkoholvanorna, så att inte eftermiddagarna föll bort. Det var verkligen inte meningen att de skulle dricka så mycket, vad som alls varit Jans mening. Eller skulle de lika gärna sluta att äta lunch och på så vis trolla bort också lunchvinet, för varför skulle endast *han* laga lunch, om de i så fall intog den hemma? För att det enbart var han som *kunde* laga mat? De måste förenkla om det skulle bli något gjort.

Mitt i baksmällan tänkte Stefan likväl med välbehag på att han undflytt det akademiska och på hur seminariehästarna till kollegor kunde ha det därhemma, vid sina träiga uppsatser och kalendarier.

Det gick trots allt över förväntan att hitta hit efter Taviratjafset på Pension Mirante och Jans skrattretande Kafkarum – som de kallade det – på Residencial Imperial. De tog färjan ut och lokaliserade ett lämpligt husobjekt, fick tag på ägaren inne i Olhão och ordnade hyreskontraktet.

Stefan repeterade termen på några tänkbara språk: mieten, loyer, alaguger, affitto, enoíkio. Det torde nog bli en hel höst av det här, på en sandrevel under ett fyrtorn, på marinens mark på Algarves – och därmed Portugals – sydligaste punkt, skyddad av en enorm betongpir; det var där de skulle vistas sträckan ut, för första gången någonsin tillsammans. Fortsättningen förutsatte att inget nytt 1755 strax stod för dörren.

Farol var beläget snett söder om de otaliga in- och utflygande charterturisternas referensstad Faro. Knappt hade planen landat så skulle de hem igen till Birmingham, Karlsruhe och Espoo. Vad passagerarna fick med sig i retur var för Stefan svårt att begripa, men i gengäld inte heller hans bord. Stefan föreställde sig klippstränder, solbränna och klamydia. Måste han välja föredrog han klamydia. Här ute fanns däremot varken klippor, mastodonthotell, diskotek, grisfester eller meningslöst hålligång- och strandliv, men hur kunde någon *frivilligt* utsätta sig för den sortens förnedring?

Jan försökte ställa i ordning sitt arbetsrum, så att skrivmaskinen skulle stå stadigt och det ges plats till vänster för den ännu oanvända pappershögen, och – som han hoppades – ävenledes för en till höger, full av bokstäver, som efter vart skulle komma att växa sig diger under oktober.

Jan hörde att Stefan var vaken och frågade om han kunde hjälpa till med att hålla i de plankor som Jan hämtat från baksidan av huset.

Stefan steg in och undrade vad Jan höll på med.

– Fixing a writing-table.

– Du som fraktat med dig Facitslagskeppet.

– Hold on to this one while I …

– Här har du gott om plats. Du kan till och med smälla upp böckerna.

– A small shelf over here for the volumes.

– Somnade du?

– Slept like a log. Too much though. Actually quite a bit on the heavy side.

Stefan sade att han omöjligt fattade hur fiskarna redan till lunch kunde klara att dricka så mycket, dag efter dag efter dag.

Jan påpekade att fiskarna så dags jobbat färdigt, men att Ennani inte var någon vanlig fiskare, som de andra, fast han inte nödvändigtvis jobbade mer för den skull, snarare kanske mindre. Ändå upprepade också Jan att de inte behövde ta sängfösarna till lunch.

– Aguardenten ovanpå var faktiskt absurd.

– Ennani ville visa sig på styva linan. Och så blev det en utförslöpa.

– Vi kan väl spola lunchen istället? Annars slocknar vi direkt och ska ju ...

– Might as well.

– Och så reservera krogen för middagar? Det räcker.

– Tänk att bo här permanent, som fiskarna. Undra på att de är ungkarlar.

– Hur kan du veta att de så gärna vill gifta sig?

– Utom Ennani, som redan *är* gift, preciserade Jan.

– Och hans far.

– Exakt två kvinnor och bägge med ring på fingret.

– Ingen vill ha en utfattig fiskare längre, och analfabet.

– Och utan turister ...

– Skandinavien, eller Norden är väl det större begreppet ... Från England, Storbritannien menar jag, Tyskland, ja, hela norra Europa; de föredrar att bränna surt intjänta semesterveckor här alldeles intill, vid kustens organiserade förlustelsestationer.

– Från en extrem till en annan, oförlöst.

De gjorde sig klara för middag, båda iförda jeans, Stefan dessutom en T-shirt och neonblå sandaler av plast, Jan en uppkavlad storrutig skjorta och vita gymnastikskor. Praktiskt taget lika långa satte de iväg, Jan lätt hjulbent, atletisk, rakryggad, mustaschprydd, med tillbakastruket långt hår, Stefan åtskilligt stelare, hopsjunken, utan att röra armarna, skäggig, med burrigt okammat hår där de gick längsmed en av öns »huvudgator« bestående av en räcka betongblock på vardera en gånger en meter, mestadels överhöljda av finkornig sand. Tre-fyra meter mellan betonggången och de låga murar som omgärdade varje tomt låg ett ingenmansland. Dessa sandzoner var fyllda av skrot, avhuggna grenar, aska efter uppeldning av kökssopor, plastpåsar innehållande fiskskelett och vad som helst som borde ha hamnat på soptippen, särskilt utanför rucklet tvärs över deras eget hus, i krapprött bemålat med texten VENDE-SE.

Enrumskyffena på andra sidan sandstigen var åtskilligt mindre, flertalet närmast kojor eller omklädningshytter av hopfogad plywood, färgglada brädlappar och korrugerad plåt, men det rörde sig inte om slum, utan om obemedlade Olhãobors sommarhybblen, vart och ett ut mot »gatan« således försett med en halvmeterhög mur i respektive tomts kant, avsedd att – misslyckat – stoppa sanden från att breda ut sig och täcka över. Innanför påträffades undantagslöst en döende rabatt utan mull i, eftersom eventuellt dittransporterade jordpartiklar genast byttes ut mot inblåsande sand. Det enda som levde, om inte precis frodades, var de agaveplantor som med jämna mellanrum skickade upp sina köttiga platta halvmeterlånga avsmalnande blad ur sanden. De heltidsboende fiskarnas bostäder var bara aningen bättre. Dessutom fanns fyra riktiga villor, två-vånings, välbyggda, tillhöriga Lissabonfamiljer som uteslutande besökte ön från andra halvan av augusti och fram till ungefär nu, det vill säga i början av september, drygt.

Ljudet av havet gjorde sig påmint när de gav sig av söderut längsmed raden av nätt och jämnt överlevande agave. Vinden hade visserligen lagt sig, men en omisskännlig ut- och inandning som av en tungsint oceanisk lunga nådde dem ändå från sandstigens slut. För vart steg sjönk skorna ett par centimeter så snart de lämnade betongblocken.

Ilha do Farol var platt, ett par hundra meter bred i nord-sydlig riktning, på längden fem kilometer.

Efter öns enda träd, fyra planterade, låga, förvridna, vindpinade, mot varandra lutande och av saltstänk akut illamående pinjer, vek de av till höger strax innan de nådde stranden, förbi det nu i skymningen nästan självlysande fyrtornets massiva vita i tio sektioner indelade stenkropp krönt av en brandröd metallhuva och fortsatte vidare i riktning mot öns restaurant, alldeles intill, i centrum av det lilla fiskeläge som döpts efter öns enda synliga byggnad av betydelse, Farol.

– Tryne eller gälar?

– Var ju svin igår, så …

Fyrmästaren satt redan och åt med en mörkblå skepparmössa på skallen. Ennani, iförd samma tunna frasande vita sidenshorts och tomatröda ärmlösa tröja som vid lunch, önskade välkommen och bad dem inta sina platser vid familjens eget bord igen. Kocken stack fram sitt runda huvud ur serveringsluckan och vinkade. Ennanis föräldrar nickade från sina stolar vid stambordets kortsida. Ennanis fru och barn syntes inte till än, men den jättelika schäferhannen låg på plats vid sin matskål. Teven flimrade på i ena hörnet, mellan täta strömavbrott driven via något slags halvofficiell tjuvkoppling från fyren. Fiskarna stod i bakgrunden vid sina halvtömda flaskor. Mannen Jan och Stefan kallade Cesare – eftersom han liknade den italienske författaren Cesare Pavese – satt för sig, liksom en familj de inte lagt märke till förr. Ennani vände sig till Stefan och konstaterade:

– Ikväll har vi fisk.

– Fint. Och vin naturligtvis.

– Varsågoda.

En enliters karaff av ett kylt lättare rödvin ställdes framför deras knubbiga dricksvattenglas.

– Ni har väl fler gäster mitt på sommaren antar jag?

– Aldrig många. Lite mer för några veckor sen. Enstaka som sover ute på stranden, unga tågluffare, ett par familjer från Lissabon och andra som äger hus här ute.

Ennani nickade mot »Cesare« och den okända familj eller grupp på fem personer som bestod av ett medelålders par och tre yngre kvinnor.

– Det måste kanske bo fler här än vi träffar på restauranten?

– Klart det, men de har inte råd att gå på restaurant. Fiskarna fångar ju sin egen fisk varje dag, till husbehov, och blir det extra säljs den vidare till de som är för gamla att ta upp dagsransonen själva.

Ennanis unga fru öppnade dörren och drog in barnvagnen efter sig. Schäfern höjde huvudet med spetsade öron och gav ifrån sig en igenkännande spädbarnslik suck innan den åter lade sig ned med käkarna tryckta platt mot betonggolvet.

– Boa tarde.

– Olá.

Fisken anlände i form av stekta filéer av guldbraxen med kokt potatis, citronskivor och tomatsallad, maten ledsagad av kocken själv, som nu uppenbarligen inte hade fler kunder att invänta. De blev sju till bords, Ennanis ettårige son oräknad.

– Den var god den här douradan, sade Stefan.

Ennani översatte för kocken och översatte tillbaka att uppskattningen uppskattades, men fattas bara; restauranten köpte dock fisken nyfångad varje dag, av öns egna fiskare. Kocken pekade mot de män som orörliga stod i bakgrunden längsmed den enklaste bardisk, närmast en brädsarg, med ryggen ut mot det mörknande havet, och moltysta som marmorbyster stirrade upp mot de nätt och jämnt urskiljbara bilderna av en frågesportsstudio med gäster och programvärd på teveskärmen, var och en framför sin egen spritflaska, undantagsvis bevisande att han ännu var i livet genom att ena armen plötsligt höjdes till munnen och nacken kastades bakåt, genast åtföljt av att samma arm med det lilla glittrande glaset längst ut i änden åter sänktes och dunkades tillbaka på plats så att stirrandet på den flimrande töckenskärmen kunde ta vid på nytt, som om ingenting hänt eller någonsin kom att rubba statyn från dess fundament, allt vätskebehovs sockel.

Efter middagen växlade Stefan ett par ord med »Cesare«, som vithårig och rufsig satt till synes paralyserad och stirrade tomt rätt ut i rymden. Han och Jan bytte cigaretter, det vill säga Jan fick en av »Cesares« köpcigaretter i utbyte mot att han som gentjänst rullade en tillbaka. »Cesare« berättade att nyhetsflödet för stunden dominerades av Sovjetunionens nedskjutning av en felnavigerande sydkoreanskt jumbojet som med alla sina passagerare hade sprängts i bitar och störtat över sovjetiskt territorium.

– Har de skjutit ner ett vanligt passagerarplan?

– Allesammans är döda! Man påstår att det rör sig om spionage, inte felnavigering! Fasansfullt, fasansfullt, fasansfullt!

Efter att ha pumpat »Cesare« på så många detaljer som möjligt om nedskjutningen tog nyfikenheten på hans intryck från Afrika överhanden. »Cesare« hade närmare bestämt levt många år i Maputo. Han hade inget gott att säga om den nya regimen, efter befrielsen från Portugal, och tillstod att han även suttit fängslad »i djungeln«.

– Länge?

– Ett år satt jag fast i negrernas koncentrationsläger!

– Jaha. Jaså. Ja …

– Och se nu på utvecklingen där nere, hur slaktandet och vanskötseln bara fortsätter eller faktiskt accelererar okontrollerat! Till och med tyfonerna och översvämningarna har blivit fler! Fasansfullt, fasansfullt, fasansfullt!

Vinden hade upphört. Havet låg slött läppjande på stranden. De satte sig vid ett runt väderbitet träbord, grovt tillyxat, ut mot vattnet, som redan var becksvart, beställde öl som snabbt ställdes fram i form av 33-centilitersflaskor San Miguel utan glas. Baren förfogade över ett par bord ytterligare, ett dussin vita plaststolar och ett parasoll. Samtliga bord var upptagna av högljudda personer i samma ålder – mellan 25 och 30 – som ingen av dem hade talat med. Var de bofasta eller hade de för egen maskin fraktat sig över till ön just ikväll?

Fyrljuset svepte runt runt, sönderklippt så att det endast syntes ute i farleden.

Jan tog fram tobaksförpackningen och cigarettpappret igen, började rulla samtidigt som han undrade om Louis-Felippe skulle komma ut.

– Det var visst så, men jag minns inte om han lovade en särskild dag. Det var väl mest för att … Jag påstår inte att han fått i direkt uppdrag av sin morsa att bevaka oss. Han vill nog mest sola sig i glansen från de balla utländska författarna och njuta av deras konversation!

– Sure enough!

– Han verkar vara en monumental morsgris. Klart som korvspad att det var hon som skötte själva uthyrningen, men han vill säkert demonstrera att han nu äntligen lyckats lägga kortbyxorna på hyllan.

– Frankly don't understand what you have against Louis-Felippe.

– Naturligtvis inte hans fel hur han har döpts. Han kanske till och med kan kallas tapper, dels eftersom han agerar som otaliga andra människor, eller i grund och botten allt levande, nämligen bara handlar efter principen att göra mesta möjliga av det lilla man har, dels … Ja, han har väl rätten på sin sida när det gäller att försöka finnas han också, ett stycke till, trots …

– Quite generous of you.

– Jag vet. Hur skulle jag utan all denna magnifika storsinthet kunna fortsätta att trampa runt här nere i sanden?

– Noblesse oblige! Men vad är det där för några?

– Vilka? Latin Satin och …

– Ja, med bocken, förtydligade Jan.

– Ingen aning.

– *Hon* kan inte vara annat än portugisiska. Det behöver man inte höra henne öppna munnen för att inse.

– Fast hon har ovanligt kort hår för att vara portugisiska. Ett moriskt huvud. Jag har aldrig sett en ung tjej här med så kort man.

– Du har inte hunnit få syn på särskilt många heller, slog Jan fast.

– Tilltala dem då! De kanske kan något av dina språk. Du pratar ju knappt ens *tyska* än, konstifikt nog, så att *jag* får sköta snacket med Ennani, fast det är *du* som är tyskäss av oss.

– Det är väl inget som indikerar att de snackar *tyska* just.

– Men du får *försöka* först i alla fall, när du nu är så intresserad.

– Har jag sagt att jag är intresserad?

– Nänä. Varför pratar vi om dem då? Åtminstone inte för bocken, som du kallar honom. Och hon är trots allt väldigt snygg med den där bronshyn, sade Stefan.

– Bock eller hidalgo … Måste rubbet recenseras?

– *Är* hon inte snygg då?

– Det här avslagna ljumma spanska pisset utan beska finns det ingen anledning att prenumerera på. Vi tar Sagres istället!

– Lager som lager. Fast det är väl billigare med inhemskt.

– Dois Sagres, por favor.

– Har du redan lärt dig räkna?

– Hörde bara vad de sa intill, upplyste Jan.

– Latin Satin?

– Nej, de där.

– Bier nach Wein macht ein Schwein. Är det inte så du brukar skalda?

– Vet inte om de har whisky eller gin eller brandy eller brännvin på den här syltan.

– Cesare verkar trasig.

– Lösryckt från flertalet sociala sammanhang, utan livsgnista, på väg ut.

– Märkt av det koloniala, menade Stefan.

– Som uppenbarligen har pågått i det här landet ända fram till idag.

– Ennani sa igår att föräldrarna skickat bort honom till Tyskland för att slippa undan militärtjänsten, alltså krigen i Angola och Moçambique.

– På flera år va?

– Deras Vietnam. Och Guinea-Bissau. Vad de låter rasistiska här!

– Much more multifarious.

– Som om de vi pratar med *personligen* skulle ha mist något på kuppen med imperiets undergång, Ennani inkluderad. Det är *en* sak med Cesare, som är halvt lastgammal och har ägt och *bokstavligen* förlorat …

Jan plockade fram tobakspaketet ur bröstfickan, rullade och tände slutligen med engångslightern i rosa hårdplast ytterligare en cigarett:

– Cesare's on his way out though.

– Varför då?

– Tydligt.

– För att han svartmålar absolut allt?

– Han har inget eget att sätta emot.

– Otroligt att Sovjet prickat det där planet!

– De är ju fan inte kloka, så vad väntar du dig? I Kreml lever ledarna i en komplett vettlös, elaborerat förvrängd, skurril, obscen värld, för det måste vara höjdare som har sanktionerat prickskyttet. Inte kan en enskild minutiöst genomdrillad pilot fatta så politiskt riskabla beslut som att sänka en hel jävla civil jumbo!

– Vi får sätta oss in i spekulationerna när vi kommer till Olhão nästa gång. Alla blaskor … Kolla! Nu går bocken på muggen. *Din* entré. *Säg* nåt! utbrast Stefan.

– Vet inte vad det skulle vara. Säg det själv!

– Javisst. För någon som faktiskt talat tyska från det han slutade suga på tummen är du stumheten själv!

– Jag har aldrig förstått varför människor som inte har något att säga ska plumpa ner sig genom att besudla tystnaden.

– Tack ska du ha!

– Quel malheur! Recevez, Monsieur, mes sentiments de la plus profonde humilité!

– Ursäkta, vi sitter och … Talar ni engelska?

– Tyska.

– Jag förstår. Jo, sade Stefan, vi undrade just om ni var portugisiska. Ni är i alla fall knappast härifrån ön?

– Nej, vi bor i Wuppertal och är på semester.

– Min vän här och jag är också på ett slags längre … ferie, kanske man kan kalla det. Så varför sökte ni er hit till Farol?

– Min man kände några som varit här förr och tyckte den långa stranden var fin.

– Jag förstår. *Stranden.*

– Jag har inte sett er på stranden.

– Vi bor åt det där hållet, en bit, men min vän Jan här måste titt som tätt ut och röra på sig. Han är faktiskt en ytterligt aktiv strandvarelse. Han kommer antagligen att *springa* på den var eviga dag. Det är bara det att han inte har hunnit sätta igång än.

– Det här är min man Otelo. Jag heter Isabella.

– Stefan och som sagt Jan.

– Vad gör ni här själva?

– Författare.

Otelo hällde upp det sista ur en enliters karaff vitt vin. Rörelsen blev dock för häftig, så att vinet rann över. Av blicken att döma var han kraftigt berusad.

– Och vad sysslar ni med i Wuppertal, om jag får fråga?

– Vi arbetar på restaurant bägge två. Min man är kock och jag är servitris.

– Förstår. *Restaurant.*

Ingen sade något på flera minuter. Otelo började så tala med Isabella på portugisiska.

– Varken bättre eller sämre den här Sagresen jämfört med San Miguelen. Samma blonda törstsläckarbärs.

– Vi får handla på Associationen imorgon. Tror inte vi har ens till frukost.

– Japp.

– Vi går dit tillsammans och bunkrar upp, föreslog Jan, kanske drar in till Olhão också och fyller på förråden, så *det* är gjort, innan man slår sig ner med papiren och pinalerna och sätter igång att skriva på allvar.

– Associationen håller visst inte öppet så värst länge till, eftersom det snart inte finns en kotte kvar här ute, eller andra utbölingar än vi själva i alla fall, så vi startar väl där får vi se om det behövs en tur in till stan för komplettering. Har du särskilda ärenden?

– Nej, det har ju gått så kort tid sen vi kom, men det är klart att det är lika bra att kolla posten. Och blaskorna. Stålar har vi. Jag vet inte hur mycket bärs och vin och sprit de har på Associationen. I värsta fall måste vi tjacka inne i stan, fast pavor är tunga att släpa på.

– Men vi behöver nog inte så värst mycket mer heller, hemma alltså. Eller ska du bygga upp en komplett bar? undrade Stefan.

– Det går åt en massa konserver och bröd naturligtvis och mer kaffe och te.

– Och pålägg.

– Muggpapper.

– Spackel, om *du* använder sånt på brödet.

Isabella och Otelo reste sig och gick efter en kort hälsning från Isabella. Hon antog att de snart sågs igen på stranden.

– Drar vi ett par järn till?

– En sista omgång då. Men man behöver ju inte sitta och häcka bland de här badbyxorna!

– Hillbillyseringen.

– Havet självt ligger faktiskt alldeles framför oss.

– Så *du* vill ner till havet?

– Det är inte bara du som dras till tystnad.

– Varför sa du att vi var författare?

– Är vi inte det då?

– Ingen av oss har publicerat en enda rad!

– *Publicerat?* Vad fan ska jag med det till? Om jag säger att jag från och med idag *räknar mig* till författarnas krets, ja, då har jag från topp till tå från ett ögonblick över till nästa också komplett *förvandlats* till en professionellt läsande och skrivande varelse! Sitt kvar du, medan jag andas en sväng.

– Well, jag tar ett par bloss här. Jag har nyckeln.

Solen stod visserligen redan högt när de åter låste köksingången. Genom ett draperi bestående av gula och blå plastkulor – ena raden enbart gula, nästa blå, den tredje åter exklusivt gula och så vidare hela dörrbredden ut – promenerade de i riktning mot fyren och havet, eftersom Jan hade propsat på att det var *nu* de skulle iväg. De hade precis kommit hem efter att ha varit på det kooperativ som sköttes av Ennanis familj, som kallades för Associationen – ordet stod påfallande slarvigt handmålat ovanför ingången – och som stängde nästa vecka. Man måste först bli medlem för att få handla. De betalade 600 escudos. Stefanny Fuconny präntades på det giftgröna Cartão de Sócio för giltigt medlemskap i Associaçao da Ilha do Farol do Cabo de Santa Maria de behövde.

Hyllorna gapade tämligen tomma, så de plockade på sig vad som fanns kvar av konserver och pålägg. Även alkohol såldes, men inköpen visade sig bli så omfattande att inga kassar i världen skulle ha klarat tyngden. Ennanis mor – en satt kvinna i 50-årsåldern – lånade dem slutligen en jutesäck och med den över ryggen bar Jan alla flaskor, som ett slags halvklädd kluckande och klirrande sommarjultomte, tillbaka till huset, medan Stefan i plastpåsar fraktade över konserver, dasspapper, kaffe och bröd.

Jan ville genast bekanta sig med öns sydsida, längsmed stranden.

Den just för stunden till synes malvafärgade pirens rektangulära cementkropp låg omedelbart till höger om fyrtornet, högre än bred, med en rostig gammal grävskopa på, komplett övergiven. Precis till vänster om fyren bredde ett lågt kummel av natursten i olika schatteringar av grått och rosa ut sig, nätt och jämnt uppe på torra land, i vilket svart-, brun- och vitspräckliga vildkatter föreföll bo. Åt vänster till, österut, började den sandstrand som förlorade sig i ett fjärran töcken.

De tog trappen upp på den pir som först gick rakt söderut mot havet, så böjde sig i 90 graders vinkel in mot Faro, för att därifrån beundra utsikten och granska åbäket till grävmaskin.

– Den här är ju underbar! Vilket uråldrigt monster! Ett ännu flytande skeppsvrak!

De närmade sig grävmaskinen snett bakifrån. Dess breda ryggtavla var intakt, konvex, med en generöst tilltagen kvadratisk fönsteröppning genom vilken man såg det turkosa havet lysa igenom. Grävskopan föreföll vara oerhört mycket tyngre än moderna motsvarigheter och var så rostig att inte minsta lilla fläck av originalfärg påträffades någonstans. Den stod med grävarmen maximalt utfälld framför sig vilande på den genomgjutna järnskopans tänder, med till synes flera »revben« uppfläkta, av vinden gnagda rena och stickande ut vinkelrätt mot övriga kroppen på framsidan, nedsjunken i pirens ovansida en knapp decimeter, som vore cementen snarare en jättedeg i jäsningsfasen och grävskopan därför alltjämt sakta men säkert på väg ned genom den av otaliga sporsäckssvampar och mjölksyrabakterier kryllande och frenetiskt sig fortplantande och idogt arbetande livs levande blandningen av mjöl, jäst och vatten.

– Hur kom den hit? Med flyg? Varför glömdes den kvar? Den måste ha kostat en förmögenhet!

Jan gick förälskat omkring på caterpillarbanden och fick efter flera ryck upp dörren till förarhytten, klev in på rester av glasskärvor och satte sig på vad som återstod av metallsätet och låtsades manövrera de sedan länge av korrosionen i ett visst läge fixerade spakarna.

– Det är en dront, en absolut dront!

– Men kom ut nu så vi kan börja den där promenixen någon gång. Det var faktiskt din idé!

– Den allt pulveriserande rosten!

Slutligen hoppade Jan med ett saligt leende ned från den orangebruna järnlådan. De fortsatte ut till spetsen av den fem meter höga piren, på samtliga kanter skyddad av ett lager natursten vid basen, lyssnade till bränningarna och vände sig åt Faros räcka av skyskrapor ut mot strandkanten, en halvmil i nordväst.

– När dinosaurien landade fanns inte de där Mickey Mouse-hotellen!

– Knappast färjan ut hit heller.

– Tänk att *gå* här uppepå när det stormar!

– Man kan tänka sig att de allra värsta höststormarnas vågor når ända upp eller till och med drar rätt över kanten, sade Stefan.

– Först *då* man ska vara här uppe och försöka att ta sig den såphala sträckan i sin helhet ut hit till spetsen! De hårfina skillnaderna mellan halka och stadighet och tillstånden över och under!

De gick pirens utsträckning tillbaka, säkert trehundra meter, såg sig om en sista gång mot grävmaskinen och konstaterade att horisonten tycktes dragen just parallellt med larvfötternas översta kant, klev så ned för samma trappa de kommit upp för, både på längden och tvären med tydliga ådrade avtryck från den gjutform av grova plankor innanför vilken pirens cement en gång hällts, likt ett i täta lodräta veck hårt plisserat brokadtyg i otaliga nyanser av sepia och torkat blod blandat med snö, med två gånger två avrinningshål för vatten i, upptill och nedtill, passerade kumlet med de skygga spräckliga katterna och iakttog två äldre män med näsdukar bundna runt huvudet som stod och fiskade med glasfiberstängerna till spön nedkörda i sanden, linorna permanent utkastade och flöten på krokarna. Bredvid var och ens fällstol var en hink med vatten placerad, ännu utan fisk i.

– Tomt värre.

– Vi går en bit bort.

De fortsatte österut längsmed en drygt tio – på sina ställen upp till 20 – meter bred sandstrand utan bebyggelse. Ovanför strandbrinken växte vindpinade snår av sträv tistel- och kardborretaggig macchia, men sanden dominerade även här, tryfferad av en eller annan uppstickande cerise sten. Flockar av måsar satt tätt tillsammans på en och samma fläck långt framför dem och avvaktade om inte intränglingarna ändå strax måtte vända om. Massiva moln tornade upp sig vid horisonten österut, så att den av vågskvalp ömsom vattnade och lätt snabbupptorkande och genast åter fuktade sandtunga de hade framför och under sig reducerades till en nätt och jämnt urskiljbar smal ned mot havet lutande bård under de väldiga staplade oregelbundna blågråa molnen och de av vita toppar krönta vågor som utan avbrott eller brådska, till synes helt regelbundet, teatermekaniskt, vevades in från höger.

– Ser du vad mycket tunga snäckskal som ligger och väntar på att plockas upp?

– Pilgrimsmusslor.

– Ett par andra sorter också.

– De här undersidorna på pilgrimsmusslorna ska jag ha med mig hem ett par stycken. De passar perfekt som pappersvikter!

– Ser du de skrovliga gråa? Där hittade jag en förträfflig, redan färdig askkopp! ansåg Jan.

– Och så har vi den snirkligt rosavita, i vattenlinjen, med den svarta mollusken kvar, levande inuti snorkokongen. Den tror jag man ska akta sig för att peta på, för jag har läst att flera av de extra stora snäckorna är giftiga som fan. Du ser hullingen sticka fram. Vass!

– Är väl deras sätt att försvara sig på. De som finns kvar. Snart är alla placerade hemma i folks souvenirhyllor eller akvarier eller trädgårdsland.

– Hördu, det finns små kaurisnäckor också och de här spetsiga långsträckta som man kan äta tror jag.

– Däremot ser jag inga såna där små rundare öron som vi fick i soppan och vitvinet inne i Olhão, anmärkte Jan.

– Tänk på att vi befinner oss allra längst ut mot Atlanten. Det slaget kanske trivs i lugnare vatten.

– Sjööron eller havsöron lär det finnas något som heter.

– Tror aldrig jag kommit på att fråga dig förr, men vad betyder egentligen ditt efternamn på estniska? Jag menar … Har det med *kauri*snäckor eller kauriträdet att göra, eller tvärtom …

– Själva ordet kom in i västerländska språk, engelskans c, o, w, r, i, e, från hindi och urdu, redan på 1600-talet, alltså ganska omgående med britternas första mogulkontakter. Tror detta ord i sin tur härstammar från något indiskt samtida regionalt språk, men enligt mina etymologiska lexika går det ytterst tillbaks på sanskritens kaparda, som står för snäcka, varken mer eller mindre, i sin tur måhända relaterat till tamilskans ord för samma sak, kotu.

– Det är ju inte ett indoeuropeiskt språk, utan dravidiskt, men det är klart: tamil är minst lika gammalt som sanskrit, kanske äldre, bara att det inte fått samma status eftersom de blekansiktiga kodyrkarna norrifrån var de som i högre grad skrev historien. De dravidiska språkens uttal är fascinerande tycker jag, de jag har fått lyssna till, minst lika mycket som kinesiska, om man betänker att talarna presterar så annorlunda ljud än våra egna. Om de första västerlänningar som lärde sig kinesiska, jesuitmunkarna, tyckte att *det* språket påminde om fåglarnas kvitter menar jag att de dravidiska meningar jag hört personer uttala låter som om man tar fyra-fem huggtänder av en tiger och lägger i en styv papplåda, greppar med bägge händerna och så bartenderskakar energiskt runt-runt!

– Det finns en koppling till vårt ord för porslin också.

– Jaså.

– Det stammar från italienskans porcellana, som betydde kaurisnäcka på 1200-talet. Man tyckte på den tiden att kinesiskt porslin var lika skinande blankt som snäckorna. Snäckan hette porcella, som du begriper är detsamma som ung sugga, i femininum, ytterst diminutiv av latinets porcus, alltså porculus. Förmodligen kallades snäckan så för att formen på öppningen påminde om en grisfitta. Du förstår ju italienska.

– Men är novis när det gäller grisfittor. Varför stavas förresten ditt förnamn olika, med både ett och två a:n i? När vi först träffades skrev du Jaan. Dessutom behövs väl inte något »H.« före ett så ovanligt efternamn som ditt?

– Hela klabbet stavas tydligen på alla möjliga sätt. Hur förklarar du ditt eget?

– Stephanos, efter den förste kristne martyren, betyder den lagerkrönte på grekiska, ett passande namn va för en diktare!

– Nej, nu menade jag efternamnet, men har jag inte förresten sett ditt namn stavat Stefano?

– Stämmer. Vill säga jag är döpt till det, men tog bort o:et som fjortis, givet att svenskarna inte kan italiensk betoning och därför alltid sa Stefano.

– Och med Jaan i mitt fall … Det uttalas som i Ahh! Men det fungerar ju lika lite. Hendrik, men den stavningen, kanske gått bättre. Ett tag växlade jag, men så vet man knappt själv till slut vad man ska kallas.

– Samma här, därav ändringen, men den är bara strikt privat. I alla myndighetsdokument heter jag förståss som du, jag menar Stefano, fast jag av hävd skulle ha hetat Sergio, efter farfar.

– Och efternamnet?

– Umbrisk variant av riksspråkets fuoco, alltså stor eld. Min mor uttalade det enligt uppgift första gången fochini, liten eld, vilken efter vad jag hört inte riktigt uppskattades av den blivande maken.

Båda hade fler frågor om den andres namn och familj att ställa, men eftersom de redan känt varandra i åtta år och antagligen flera gånger ställt den sortens frågor, men glömt eller var osäkra på det erhållna svaret och tyckte det vore genant att erkänna för den andre att så var fallet, blev inget mer sagt.

De gick vidare under molnmassiv som särskilt i riktning mot spanska gränsen var blåsvarta. Kanske blev det åska.

– Där ligger de!

På hundra meters håll syntes två solbadare i en fördjupning hitom måsarna. På närmare håll såg de att det inte var Isabella och Otelo.

De nickade kort mot det på en filt tryckande sololjeinsmorda, transistorradio- och picknickkorgförsedda paret – mannen hade till hälften rest sig upp ur gropen och såg komiskt stridsberedd ut – och fortsatte österut. För vart steg de närmade sig måsflocken satte de fåglar som stod ytterst i klungan igång med att trippa oroligt på stället och vrida på huvudet fram och tillbaka, fram och tillbaka och slå ut med vingarna, bara för att genast vika ihop dem igen. Slutligen, med ett enda samfällt brak, steg samtliga till väders under vilda skrän.

– Vilket kackalorum! Jävla skitbombare! Fräcka gaphalsar! Lömska skränfockar!

De ökade takten och fortsatte att plocka på sig av snäckor. Hettan började bli besvärlig, i synnerhet som de inte hade dricksvatten med sig, trots att diset ändå förtog en del av solskenets effekt. Ingen av dem bar mössa. Båda hade däremot solglasögon, Jan en pilotmodell med polariserat glas, Stefan en enkel plastvariant.

– Vad är det där för något?

– Rören? Det är ju flottans mark vi går på. Eller marinens, om inte det är samma sak i Portugal. De måste ha grävt ner sig här. Ingången till bunkern är väl på baksidan. Kommendören gör nog vad han blivit tillsagd, det vill säga ligger just nu och stirrar på oss ur sin tratt riktad rakt ut mot Afrika och alla som vill in i Mare nostrum från Atlanten.

– Undrar vad som händer ifall man pissar rätt ner i periskopet? högg Jan till med.

– Du får höga stilpoäng. Min egen tiotusenkronorsfråga är om vi fortsätter eller räcker det för idag?

– Ska vi ha fler och större snäckskal är det bättre om vi går hit igen direkt efter en storm.

– Fast då kanske man inte orkar hela varvet runt. Misstänker att det bara blir *en* gång som vi går här tillsammans, *en* enda gemensam tur, så varför inte lika gärna bli av med den på momangen?

– *Bli av med?* Vad är det för inställning?

– Ja, fel ord. Menade bara–

– Sluta stressa! Lär dig att sitta och glo istället, hitta en vardagsbalans. Måste du prestera till och med *här*?

– Nej, men *balans* kanske inte riktigt är det ord som jag förknippar dig med.

– Fast när det gäller att fortsätta genast: kör i vind!

Ingen urladdning skedde där borta i öster och de hade en bra bit kvar rätt fram i den riktningen innan det blev dags att svänga över till öns flikiga, mindre magnifika norra sida, en aning i lä för vind och saltsprut, men inte mycket, för Farols högsta punkt befann sig inte ens två meter över havsytans nivå.

När de vaknat efter den sena siestan, skakat sanden ur skorna och konstaterat att bådas näsor och pannor var högröda hjälptes de åt att tända fotogenlampan. Elektricitet saknades nämligen på Farol och solen försvann strax. Det rörde sig om en halvmeterhög modell av rostfritt stål, med en cykelpumpsliknande spak på sidan av det halvklotrunda underredet. Lampan hade en tendens att raskt slockna eller börja sota kraftigt. De hade inte hunnit sätta sig in i alla tekniska detaljer i huset, även om de knappast var avancerade eller många, bara annorlunda.

– Den här glödstrumpan är knivig att få rätt.

– Försök– Fan! Den ändrar sig ju! klagade Stefan.

– Tålamod!

– Ska du säga som alltid åberopar »nerverna«!

– Men »nerverna« är något mänskligt! Det här är en lampa, inte solen!

– Det är du som får sköta den där! Hela stället vanskött! Funkar inte!

– Fear not the working world, my fellow mortal!

De satt på verandans fällstolar med var sin öl framför sig på det lilla vita utsvängda glasskivetäckta gjutjärnsbordet. Efter vart blev fotogenlampans sken allt vitare. Väsandet den gav ifrån sig var konstant. Grannen i huset närmast norrut på samma sida av sandstigen visade sig. I den pärlemoskimrande skymningen skakade de hand med en välrakad man runt de 40 som förklarade att de förvisso hade ägt tomten ett par decennier, men just flyttat åter till Portugal och därför inte hunnit så långt på sitt nya sommarhus än. Endast väggarna var på plats. Han hoppades färdigställandet inte skulle störa.

– Ingen fara.

– Vi kommer att ha ganska många hantverkare igång mellan varven. Ja, ni måste väl redan ha sett dem. De ska hålla till här ute den närmaste tiden, snickare och murare i första vändan.

– Lycka till då med bygget!

– Tack! Vi ses!

Jan hämtade nya öl och tände en cigarett till. Ansiktet lystes upp, så att det cendréfärgade håret och mustaschen blev synliga. Han finjusterade glödstrumpan och väsandet från lampan minskade. Han ställde ned den på golvet av stenplattor.

– Vi måste ha gått en dryg mil idag. Eller en och en halv skulle jag tippa.

– Moln, ljus, hav, vind, salt, sand och snäckskal. Men kolla på den där katten med unge!

Jan vände sig om, böjde sig och började klappa en skelettmager katta med i huvudsak europeisk mönstring, till skillnad från alla brunspräckliga exemplar de hitintills sett, samtidigt som kattmamman framför hans fötter släppte ned den unge hon burit i nackskinnet.

– De där kan vi inte ta oss an! utbrast Stefan.

– Varför då?

– Vi är ju här för att skriva!

– Du ser väl att hon inte har käkat på länge. Jag hämtar något i köket!

– Men …

Jan sköt upp glasdörren och försvann. Benranglet strök sig mot Stefans ben. Deras blickar möttes. Ungen var inte större än att få plats i en handflata, men han fick ingen som helst lust att vidröra den.

Jan var snart tillbaka med ett tefat och några brödsmulor och grönsaksrester.

– Katter är knappast herbivora!

– Så där. Ät! Du ser ju själv att hon slukar blasten på direkten!

– Nu är vi fast. Tror du hon frivilligt lämnar den här hotellrestauranten? *In* kommer de inte hur som helst!

– Vi kan … Jag letar upp en pappskiva eller tygtrasa och lägger ut på baksidan, under tak, så kan de få vila upp sig i skydd för väder och vind i alla fall.

– Den där värdshusverksamheten får du bedriva på egen hand. Är det förresten inte fel på ungens ena öga? Det verkar klibba fast!

– Den har väl med en hårsmån hunnit öppna ögonen bara.

– Jag tycker det ser ut som en infektion snarare.

– Det kan knappast vara lätt att försöka klara sig som katt på det här sandrevet mitt ute i havet!

– Ska vi ha enögda katter också?

– Det läker nog.

– Eller förvärras.

– Det visar sig.

– Det kommer att bestå.

– Nu får de vila ett tag.

– Eller skriva förstahandskontrakt.

– All for now.

Det första Stefan tänkte på var att solen redan hade lagt ut sin bombmatta av ljus. Varför slutade han inte att dricka i tid? Skulle måttlighet vara något förkastligt?

Han gick ut i köket, hällde upp vatten ur dricksvattenshinken, hoppades vänd mot ytterdörren och katternas arena att de hade försvunnit, att ungen skulle ligga inborrad i pälsen på moderns mage flera kilometer bort, skruvade upp gasspisen och ställde på kaffepannan. Endast de två främre brännarna existerade. De två bakre plattorna hade tomma hål där brännarna gissningsvis en gång suttit. I samma ögonblick som han skulle hälla det kokande vattnet på melittafiltret stack en mus upp sitt huvud ur det bakre högre brännarhålet. Stefan ryckte till och vräkte rasande det överblivna kokvattnet ned i samma hål.

Han gjorde några enklare smörgåsar, ställde dem, kaffekoppen, anteckningsblocket och blyertspennorna på en bricka och gick muttrande ut i vardagsrummet, satte sig någorlunda i jämnvikt i cementsoffan med samtliga dynor under sig och bak ryggen, tog en slurk, fixerade föraktfullt prydnaderna i rummet bestående av i den vitkalkade cementbokhyllans olika fack utplacerade statyetter, 1950-talsvaser, flera planscher föreställande stränder, snäckskal, en ficklampa i citrongul plast, hela översta raden prydd av urdruckna Coca-Cola-burkar, vidare en flagnad almanacka från 1979, en maläten kudde, i portalen ut mot badrummet och köket – direkt under kassettaket och den korrugerade plåten – en porslinstallrik bemålad med sardinfiskare till havs, samt två från taket hängande amplar med döda kruttorra rester av plantor, öppnade blocket och började skriva på följande lista: »Nytorgsgatan 11 b, Rödabergsgatan 7,I, Kocksgatan 23,III, Skomakargatan 24A, Thorildsvägen något nummer som jag inte kommer ihåg, Skånegatan ett eller annat, Tavastgatan 29D,II, S – 117 25 Sthlm, Suecia«.

De hade 50 minuter på sig innan färjan avgick in till Olhão.

Det första Jan tänkte på, när han vaknade, av någon anledning, kanske en dröm, var sträckan från Pernau mot hamnen Werderi (Virtsu), 60 kilometer nordöst om Pernau, eller den långsamma rörelsen från Fellin, en bit in i landet, till Dorpat (Tartu) och så från Ösel omedelbart rätt västerut.

Det andra han kom att tänka på var Edgar Allen Poes roman The fall of the house of Usher. Borde han göra något motsvarande? Var han något motsvarande?

Det tredje som dök upp i skallen var följande fras: »The bore the more. Drink a sip, dranksup«.

När Jan stigit upp var det första han gjorde att kontrollera om händerna darrade, så öppnade han köksdörren, förde draperiets plastkulor åt sidan och gick ut till katterna. Stefan kom efter och skrek upprört:

– Vi har möss här i huset!

– All right old boy.

– Men de bor inne i spisen, inte bara springer i mellanrummet mellan taken!

Jan smekte katterna och placerade ett fat med ostkanter och finskuren skinka framför dem. Inom tre sekunder var fatet tomt.

– Fan! Vi har blivit lurade. Ett fallfärdigt ruckel!

Jan stack huvudet genom plastdraperiet och hämtade mer mat.

– Först möss och så är ju ungen ett rent missfoster med sitt fastklistrade öga! Den kommer att bli enögd eller totalblind!

Jan ställde ned fatet med den nya portionen, nu bestående av finmosad sardin, och fyllde på katternas dricksvatten ur den brunn för uppsamling av regnvatten, kopplad till takreservoaren, i brist på annat sötvatten på Farol, som de själva brukade.

Jan inspekterade ungens ögon utan att kattmamman tycktes protestera.

– I värsta fall får vi väl tjacka ögondroppar på apoteket i Olhão.

– Skämtar du? Den store Camões fick minsann dras med sin enögdhet hela resten av livet, efter den där marockanska bataljen 1548, och det hindrade honom knappast från att fullborda Os Lucíades, trots skeppsbrott, simtur med manus mellan tänderna, fängelsevistelser och ofrivillig exil! Han var till och med *slav!* Då kan väl också den här lilla råttversionen av Camões gå i land med–

– Där kom du på det! Så sant! Han heter Camões!

– Jag förstår ingenting av det där daltandet. Nu måste vi gå. Färjan väntar inte på oss!

Betongstigen var idag igensuddad från sidorna, mest från höger, österut, i form av sandtungor som bröt in och delvis täckte underlaget, fläckvis, likt ett bläckplumpstest pockande på tolkning. Det tog fem minuter att promenera på sandstigen norrut till färjeläget. Omedelbart till vänster trängdes en grupp lilleputthus, ett huvudsakligen duvblått, ett som gick i kobolt, ett prickigt som enbart visade kortsidan, ett scharlakansrött, ett ceulinblått, ett ockrafärgat, om vart annat utan minsta tanke förutom att utnyttja en plötsligt påträffad burk gratis målarfärg. Till höger om färjeläget syntes breda spår i sanden, i en tvär gir, kanske efter något militärfordon.

Båten låg inne, så Jan och Stefan klev ombord som enda passagerare förutom Ennanis mamma med barnbarn, men henne kunde de inte tala med, så de satte sig – efter att ha hälsat – i olika avdelningar på den drygt tio meter långa och två våningar höga färjan, hon nederst, inomhus, de överst, i fria luften, på en träbänk i fören, för att kunna se sig omkring optimalt.

Dagen var solig, himlen mer monokromt blå än igår, med lätt vind västerifrån. Överfärden skulle komma att ta den sedvanliga knappa timmen in till piren i Olhão.

Skepparen masade sig ombord sist och klättrade ovigt, med stelt högerben, uppenbarligen en protes, närmast hävde sig i armarna, upp i styrhytten. En av mannarna halade in förankringstrossarna och de var iväg.

– Inte länge sen vi bytte tåg vid pyreneiska gränsen och därför gick ned åtskilligt i fart – säkert med hälften – genom inträdet i Spanien, bara för att byta tåg igen och därmed sakta in minst lika mycket till efter promenaden över gränsfloden i Ayamonte.

– Vila Real va? Komiskt att de ska ha olika spårbredd. Den där Algarveexpressen kommer jag knappast att glömma, påstod Jan.

– Det var en rälsbuss snarare än ett tåg, men jag minns att du försökte läsa ur din Ulysses och det var ju stört omöjligt på grund av alla skakningar och ryck!

– Jag såg upp från boksidan och tänkte att det väl åtminstone *nu* gick undan, bara för att få syn på grabben som *cyklade* ikapp med tåget på stigen intill!

Ett elaborerat system av grunda sandbankar bredde ut sig mellan båten och fastlandet i bakgrunden, tillsammans bildande ett naturreservat, men bevisligen inte mer fredat än att folk vid lågvatten kunde stå i kortbyxor eller med kjolarna i ena handen och vatten upp till fotknölarna och plocka snäckor i medhavda hinkar.

– Ser du? Det är där de fångar de goda små havsöronen du nämnde sist, sade Stefan.

– Inget litet jobb, fast en tradition som snart måste försvinna. Verkligheten och dess utplåningar som avlöser varandra i till synes ändlösa permutationer.

– Vi kan luncha på dem igen om du vill.

Snäckplockarna var först svåra att observera i det silverglittrande motljuset, men som färjan måste kryssa fram och tillbaka i sidled för att kunna pressa sig in mellan bankarna och de nästan osynliga platta öarna i sin huvudriktning mot Olhão såg de i vissa vinklar att det enbart var gamlingar som med raka ben stod vigt framåtböjda och letade och kastade fynden i sina hinkar.

– Vad tror du de tänker om oss?

– Du menar ute på ön? Tja …

– Jag tyckte att fiskarna skrattade när vi kom tillbaks.

– Till krogen? Tja … Det är väl inget att bry sig om.

– Självfallet inte, men vi ska ju ändå bo där ett bra tag. Det är klart att fiskarna har *rätt* att tycka vad *de* vill! slog Stefan fast.

– En incident, vanedjurs insulära reflexer. Själv brukar du knappast spara på krutet när det gäller *dina* åsikter eller snarare glåpord.

– Som min studierektor på gymnasiet sa: ödmjukheten, den kommer *sedan!*

– I regel, om alls, först när tåget har gått.

Färjan lade till vid piren. De hoppade i land efter att ha försäkrat sig om avgångstiden tillbaka.

Olhão var fortfarande orört av turismen. Det betydde att inga övernattande utländska horder skulle inlogeras, däremot att det fanns lika gott om loppiga gathundar som ont om badstränder. Olhão var känt för sin saluhall nere vid havet, sin en gång betydande fiskehamn – fast den ännu var fullproppad av mestadels färgglada träbåtar – och för sina av brokigt kakel i regnbågens färger täckta 1800-talsfasader. Även modernare hus var från gatunivå ända upp till det platta taket dekorerade med iögonenfallande pråliga kakelplattor, gärna i markant kontrast till det mönster närmaste grannen valt. Eftersom ett sådant sätt att utstyra fasaderna på var ovant för Jan och Stefan skämtade de om att Olhão, med alla sina kaklade väggar, liknade ett gigantiskt skrytsammare dass. Faktum var att det luktade som ett också, ostädat, särskilt i området från hamnen till bakom den vägglösa saluhallen.

De slog in på strandpromenaden åt vänster, mot saluhallens två låga moderna tuppkamsröda tegelbyggnader omgivna av en långsmal park med två restauranter på ena sidan och en stinkande konservfabrik på den andra, fortsatte norrut på huvudgatan Avenida da República, med kyrkorna på vänster hand, upp till postens diskreta CTT-skylt, där de placerade sig framför Poste Restante-luckan. De fick själva leta igenom breven efter att ha visat sina pass. Den samlade brevskörden stod staplad på högkant i en papplåda i bokstavsordning, men inga brev just till dem hade ännu anlänt. De fortsatte upp till stadens bästa tidningskiosk, mellan buss- och tågstationen, och valde ur ståndet på trottoaren ett knippe bestående av Newsweek, Der Spiegel, L'Express och Le Novel Observateur, samt fyra dagar gamla exemplar av Le Monde, Frankfurter Allgemeine Zeitung och The Guardian, trots att Jan förfasade sig över dagstidningar som – med undantag för FAZ – var försedda med bildmaterial utöver

karikatyrteckningar. Ja, han hade till och med hört att det fanns dags-
tidningar som var så vulgära att de börjat med färgfoton på omslaget:

– Såna blaskor ... I så fall kan man ju lika gärna börja glo på dumbur-
ken direkt!

– *Fy* fan! *Så* pass? Du som inte heller ens har någon! Men nu ska vi
minsann diskutera flygplansnedskjutningen ordentligt med Cesare!

– Det är för tidigt att käka, så vi får väl gå och handla först, tyckte Jan.

– Vi har ju inte hunnit kolla in saluhallen än. Ska vi börja där? Jag
menar ... Inte för att vi nödvändigtvis måste *köpa* några färskvaror. Det
går knappast, men för att *titta*, särskilt på fisk och skaldjur – vad skulle
livet annars gå ut på? – så kan vi ta ett glas eller en espresso på caféet där
Stickan knegar.

– Jag plockar upp tobak på vägen och en extra tändare.

– Så kan vi gå ner till Esplanaden efteråt, igen, om du vill luncha i stor
stil, om du tror att havsöronen och knivmusslorna strax inte finns längre,
efter mathandeln, eller om vi tar en sylta på vägen i någon av gränderna.

– Man kan käka hos Stickan också. Det var där den unge Marcel Proust
intog lunchen sin senast.

»Stickan« var en kypare som på pricken liknade Stig Dagerman, i alla fall
om han ännu skulle ha varit vid liv, och trivts med det, så som Jan och
Stefan inbillade sig.

Jan låtsades mena att »Stickan« kanske tröttnade på kraven att leverera
mästerverk, tigga nya förskott och framhärda i skitklimatet uppe i Skan-
dinavien och därför kom på att låta utsätta sig för det där självmordsat-
tentatet i garaget för 29 år sedan, men att det antagligen rörde sig om en
uppdiktad död, för vad gick inte att arrangera med minutiös planering
och de nära och kära vunna över för flyktplaner och exil?

– Hela ståhejet var enkom till för att han bakvägen skulle kunna dra
sig tillbaks i obemärkthet hit till det hinsides belägna Olhão, med sina
hiskeliga herrelösa hundar!

– Hellre det alltså än att fortsätta tampas med inhemska ihjälkramande
kritiker och politiska fritänkare vänsterut som väntade sig att han i evig-

het skulle gå i deras ledband eller omgiven av idel jasägare och kompanjoner att försöka göra något åt sin egen skaparkris, katastrofala ekonomi och framöver behöva leva upp till nobelprisförväntningen.

De satt på ett café vars kakelplattor var blekta i en varm honungston. Plaststolarna var enklaste tänkbara och omöjliga att få i jämvikt på kullerstenen. Markisen över deras huvuden såg ut att vilket ögonblick som helst kunna kollapsa. Två fönster och dörren in till caféet stod öppna. För fönstren satt snirkliga järngaller. I dörren låg en kraftig blandrashund med osannolikt tungt huvud och respektingivande käkar och vaktade så att inte artfränder från gatan skulle våga sin lycka och ta sig ända in i lokalen.

»Stickan« visade fram vinho verdeflaskan med den svarta katten på etiketten, öppnade den elegant – inte som övriga kypare i Olhão genom att sticka buteljen i skrevet – och slog i.

– Skål för lortrackor och avsaknad av palmer och strand!

– Cheers!

– Den där byfånen eller heliga dåren vi såg utanför saluhallen … Han *samlar* ju på dem!

– He's the one, the top dog of them all!

– Lortracka, as; var det så det hette hos Camus?

– Salaud! Charogne!

– Fy fan så de ser ut!

-I synnerhet alla dessa utmärglade exemplar som inte har någon päls kvar, knappt hårstrån, bara rosa eller blåviolettslagen skabbhud.

– Jag är förvånad att de har så olika matchvikt och längd på nosarna och svansarna och öronen. Brukar inte byrackor på en viss given ort, planeten över, likna varandra i pälsen?

– At least when it comes to height.

-Det är väl klimatet som gör att de överhuvudtaget klarar sig, eller tror du de utfodras på det allmännas bekostnad?

– Medborgarskap betvivlar jag starkt att de beviljats. Om kommunen inte ens har råd med hundfångare … De skorviga rackorna livnär sig säkert på sopor och varandras kadaver, som katterna här på restauranterna lever på tillkastade fiskben och skallar och fenor.

– Ameijoas såg jag att de där snäckorna hette i saluhallen. Hur det nu uttalas.

– J:et på portugisiska uttalas ungefär som s:et i »pleasure«. Kruxet med konsonanterna är det sluddriga uttalet. E:et uttalas som »ay« i »day«, oa:et som två separata vokaler. Sen uttalas samtliga vokaler inte så lite nasalt på portugisiska och än mer här nere i al-Gharb. Ja, du kan knappast ta ett ord i din mun utan att först å det bestämdaste sätta en klädnypa för näsan!

– Verkar ju lätt.

– Så drar man bort större delen av vokalljuden också, sade Jan, så att bara grundnasaleringen återstår.

– Några sådana sjööron – hur de nu uttalas – har de väl inte här, men om vi säger till Ennani. Vi ska äta hos honom om kvällarna, som bekant, så han kan säkert skaffa ett lass eller två.

– Who knows?

– Förresten vill jag gärna utbringa en skål, en till, för litteraturen, en enda gång, en litteratur eller hållning som … Problemet med program, till och med i den improviserade och självöverrumplande engångsskålens form, är att man inte tror på dem. Vad sägs i alla fall om: »solitude et angoisse« som enda temata värda ens uppmärksamhet?

– Needs a tail to it. »Solitude, angoisse, mort«? I'll drink to that one.

– Salute!

– Eller »Metamorfoser, förgreningar, myller«, eller »Svindel, skakningar, spasmer«, »Det flagnade, förslappade, trötta«, eller »Kriser, balansgång, dallring« eller »Whence comes this variety of complexions, colours, plants, beasts, metals peculiar almost to every place, hence Kalki«. Nej, bäst blir i all enkelhet »Solitude, angoisse, mort«.

När de var tillbaka på ön och hunnit ställa in matvarorna i kylskåpet ville Jan se till katterna, men upptäckte att mamman var borta.

– Hon är väl ute och jagar kanske?

Ungen lät sig dock inte avspisas längre, utan kravlade förtvivlat efter Jans minsta steg.

– Och hur hade du tänkt lösa det här? Du skulle ju iväg på din första språngmarsch?

– Right you are! Jag placerar Camões ute på verandan, så kan du i godan ro sitta kvar innanför och översätta den förnämlige Mallarmé hur mycket du vill medan jag springer in mina nya, lätta, stötdämpande löparskor. Svårare är det inte. Adeus!

Så snart Jan avlägsnat sig hällde Stefan ute i köket ur en större glasflaska upp olivolja i den ena kupade handen. Han tyckte genast att det blev för mycket och hällde tillbaka hälften, så klev han på i badrummet och blev kvar där en stund, stående, utan att tänka det minsta på vare sig Camões den äldre eller yngre och lika lite på Mallarmés tidskrift La Dernière mode.

»Cesare« var där igen, men inte den okända familjen med de tre döttrarna. Jan och Stefan satte sig jämte fyrmästaren, mittemot Ennani och hans fru. Vinkaraffen placerades framför dem. Det kändes helt odramatiskt att äta med Ennanis familj. Detta var vad som väntade dem varenda kväll nu, fast övriga gäster – minus de hårdsupande och tevesugna fiskarna i bakgrunden – successivt skulle komma att försvinna.

Den anonyme fyrmästaren var som sagt installerad när de anlände till den jämfört med det omgivande mörkret kraftigt upplysta lokalen, men kastade i sig maten och försvann ut i vind och ödslighet innan de hunnit prata. Var han blyg? Kanske talade inte heller fyrmästaren något annat än portugisiska, men var som myndighetsperson generad för att inte kunna bättre? Men Ennani översatte ändå till tyska för alla andra …

Det var tunna skivor griskött som serverades ikväll, mört och gott, lätt vitlöksdoftande, jämte en sallad på bönor och linser, med vitt bröd till.

Ennanis far frågade, via sonen, om det var sant – som han hört – att de var författare.

– Ja. Jo.

– Era namn är lite krångliga att uttala för oss. Går det för sig om vi kallar er för Stefão och João?

– Visst.

– Min far undrar vilken sorts böcker ni skriver?

– Jag håller på med poesi och översättningar, essäer, och Jan skriver på en längre roman just nu.

– Min far binder in böcker nämligen. Han är egentligen utbildad bokbindare, fast han för tillfället inte binder in någonting alls, eftersom han är här ute på ön i sommar och så få böcker förresten binds in nuförtiden, men … Han vill i alla fall ta chansen att visa er sina inbundna böcker, men det där har vi ju gott om tid att göra något åt senare i höst.

När middagen var över stegade Jan och Stefan bort till »Cesares« bord, där han satt övergiven och hungrande efter någon att prata med. »Cesare« åt aldrig middag här, på sin höjd tog ett glas vin medan han ansträngde sig att ta del av den ena eller andra skralt återgivna nyhetssändningen. Istället för att diskutera regeringen Soares' senaste åtgärder i syfte att bromsa inflationen fortsatte de omedelbart med den sovjetiska nedskjutningen.

– Vi har nu hunnit läsa tidningarna, visserligen ett par dagar gamla.

– Man har från sovjetiskt håll tvingats erkänna att det verkligen rörde sig om en nedskjutning. Bekräftat!

– Amerikanerna och japanerna lyckades spela in samtalet mellan den sovjetiska piloten och hans ledningscentral.

– 269 civilister från 13 länder har mördats. Fasansfullt! Och supermaktskonflikten bara skärps. Jumbon utgick från USA och hade 61 amerikaner ombord. President Reagan kallade dådet »en barbarisk handling«! Andropov säger ingenting.

– Planet verkar ha hamnat ur kurs.

– Från start och mellanlandning till ut över Stilla havet verkar allt ha gått normalt, intygade »Cesare«, men istället för att komma in över Japan tangerade det Kamtjatkas sydspets, tvärs över en flottbas, och då fick jaktplanen order att gå till väders. När Korean AirLines flight 007 passerade rätt över Sachalins flygfält togs beslutet att skjuta på sittande fågel. Som att spränga en skolbuss!

– Vad sa Kreml när man äntligen svarade?

– Pressmeddelandet betonade att sovjetiskt luftrum kränkts av oidentifierat flyg. Däremot förnekade man först själva nedskjutningen. TASS menade att det rörde sig om amerikanskt spionage. Till och med Italiens kommunistparti – men naturligtvis inte Portugals ultralojala – har avkrävt Moskva en förklaring. I Seoul demonstrerade tiotusentals på gatorna. IATA bojkottar Aeroflot!

– Förhandlingarna om medeldistansmissiler lär få sig en knäck. Paul Nitze, den amerikanske chefsförhandl–

– Till och med innan det 70 meter långa och mellan vingspetsarna 60 meter breda planet pressade sig upp mot New Yorks molnlösa himmel började den 18 man starka personalen att göra det bekvämt för passagerarna. I första klass serverades champagne på övre däck. Där nere var de 24 buissnessplatserna upptagna. Längre bak gapade 80 säten tomma i budgetklassen. 130 resenärer skulle fortsätta efter Seoul, till Hongkong, Tokyo och Taipei. Inte för att så många av dem såg fram mot själva flygningen. Det tog dem först sju timmar att ta sig till Angorage. Därefter, fortfarande mestadels i mörker, hade de att se fram mot ytterligare sju tråkiga timmar i västerled innan de skulle landa på flygplatsen i Seoul, i vad KAL-broschyren kallar »morgonlugnets land«. Efter att ha nått 32 000 fot tog många passagerare av sig skorna, knäppte upp knappar och lossnade slipsar, sträckte sig efter kuddar och försökte sova. Somliga tittade på Man, kvinna och barn, en tårframkallande film om en gift amerikan som plötsligt upptäcker att han efter ett sidosprång har blivit far. Så snart personalen serverat midnattscocktails med tillbehör släcktes kabinbelysningen. Resans första del gick utan intermezzon. I Anchorage bör flertalet av–

– Vi–

– de rödögda passagerarna ha sträckt på benen och tagit en kopp kaffe i terminalen. Jag har *levt mig in i* hur personalen under tiden dammsög flygplanets mattor, tömde askkopparna och bytte ut nackstödens skyddstyg. Det pumpades in 143 450 liter bränsle i tankarna, nog för att med råge ta maskinen de nästan tusen milen bort till Korea. En ny besättning, under ledning av kapten Chun Byung In, en veteran med 10 547 flygtimmar bakom sig, övertog i cockpit. En enda familj klev tursamt av i Alaska, på väg hem från semestern. Övriga fick vänta för att inte komma fram alltför tidigt, då Kimpo inte öppnade förrän klockan sex lokal tid. Två blonda, blåögda, australiska småflickor lyssnade på en saga som deras mor hann läsa. Det mest fantastiska som kan utspelas här i världen går ständigt av stapeln, inför våra ögon, om man bara ids hålla dem öppna! Kongressmannen Lawrence P. McDonald tänkte tala vid den konferens i Seoul som skulle hugfästa minnet av 30-årsdagen av den ömsesidiga försvarspakten mellan Sydkorea och USA. Om var och en av hans farfars sädesceller lyckats befrukta en kvinna och var och en av dennes söner och deras söner i sin tur på motsvarande sätt vid ett visst gynnsamt tillfälle också befruktade en kvinna per sädescell, då skulle passagerarna istället ha kunnat vandra torrskodda från Alaska till Sydkorea raka vägen över Stilla Havet på ryggarna av kongressmannens syskon. Hans mosade hjärnsubstans skulle nu tvärtom komma att spridas ut så till den grad att hajarna inte ens lade märka till att den fanns. De bara fortsatte att simma tvärs igenom den allra tunnaste film av hans före detta planer på att i Seoul köpa med sig diamantörhängen åt frun, som hotat med separation. Soluppgångens första rosa antydan hade inte mer än gjort sig märkbar när kapten Chun styrde planet upp i Alaskas himmel. Han startade på »Jet rutt 501«, i sydvästlig riktning längsmed Aleuterna. Vid checkpoint Bethel, 50 mil väster om Anchorage, skulle han byta över till »Röd rutt 20«, det nordligaste av fem alternativ. Sovjets zoner var markerade på hans karta. Rutten var en rutinsak för de hundratals kommersiella plan som varje månad färdades samma väg. I kabinen hade flygvärdinnorna bytt till långa koreanska chima och korta fladdrande bluslika chogori. Apelsinjuice och smörgåsar bars ut till budgetpassagerarna, gratinerade kycklingsnittar och cheddarkroketter till de dyrare platserna, plus soba, japansk buljong, i första klass. När kapten Chun dök för att undgå kraftig motvind meddelade han flygledarna i Anchorage att man passerat punkterna Nabie och Neeva. Han insåg att Sovjet som vanligt spanade på flyget via radar. Japanska bevakningsanläggningar följde i sin tur den sovjetiska uppsikten och råkade till och med urskilja kommunikationen mellan radaroperatörerna och deras chef. Nu gick åtta MiG-23:or upp i luften, följda av gamla men ännu mot ett civilt plan effektiva Sukhoi-15. Sovjet hade ur strikt militär synvinkel anledning att försvara sig mot intrång. Petropavlovsk är hemmahamn för 90 atomdrivna ubåtar. Sachalin är pepprat med flygfält. Vladivostok och Sovetskaya Gavan är baser för 820 örlogsmän. 03.12. japansk tid meddelade en sovjetisk pilot att han fått syn på jumbon. Samtidigt sökte en japansk radaroperatör förgäves efter dess position söder om Hokkaido. Planet befann sig tvärtom *norr* därom. Uppenbarligen visste inte kapten Chun att så var fallet. Han hade inte heller fått syn på de sovjetiska plan som sänts upp för att utplåna samtliga ombord. Inte en enda gång lät Chun förstå att något var onormalt. Personalen serverade frukost åt uppvaknande passagerare. Grapefrukt och rostbiffssmörgåsar kom fram, croissanter, omeletter, yoghurtblandningar och rostat bröd. Japanska operatörer såg ett oidentifierat plan snabbt närma sig det objekt som måste vara den koreanska jätten. Klockan 04.25. sammanföll de två symbolerna. En minut senare uppsnappade den massiva radarn på Hokkaidos nordspets det knastriga samtalet mellan en ensam sovjetisk pilot och hans känslolösa chef på marken. Pilot: »Jag närmar mig målet.« Befäl: »Ta sikte.« Pilot: »Vapensystemet är inkopplat och sikte taget.« Befäl: »Ge eld.« Pilot: »Robot avfyrad. Målet förstört.« Efter ett tag kommer ännu en röst in: »Vart tog det vägen?« Piloten: »Nedskjutet.« Men det tog tid att slå i havsytan. 690 sekunder efter att ha blivit träffat försvann maskinen från skärmarna. Nära ön Moneron hörde japanska fiskare två åsklika brak. De såg en blixt följd av explosioner som snart skulle ge eko världen över. Alla ombord *måste* följa med planet hela sträckan ned i det ljus- och ljudbefriade djupet. Fasansfullt! Fasansfullt! *Fasansfullt!*

– Familjen med de tre döttrarna ... som jag vill minnas satt vid det där bordet. Kommer de också från Lissabon?

– Det finns ingen kontakt oss emellan. De är inte längre aktuella att kontakta. Jag har inget kvar av den sortens liv. Fasansfullt! Fasansfullt! *Fasansfullt!*

De bjöds på middag av grannfamiljen. Grillade sardiner räknades som nationalrätt i Portugal, i alla fall vad vardagsmat anbelangade, för sardinerna var lika billiga som goda serverade direkt från grillgallret. När

det däremot gällde finare mat var det idag främst i bacalhau – en gång
fattigmanskost – som stoltheten investerats. Det berättade deras värd,
Sebastião, i det han hällde upp var sitt glas vin åt Jan och Stefan, bara
för att genast åter ta plats vid grillen på gårdsplatsen framför det ännu
taklösa sommarhuset under uppförande och med en pappskiva fläkta mot
träkolets glöd under fiskarna och oregelbundet men återkommande hosta
till, eftersom röken visste att precist leta sig upp i hans tårvätta ansikte
oavsett hur han ställde sig i förhållande till vinden.

Sebastião pekade på sina barn – sonen var tolv och dottern tio – och
hävdade att »de är afrikaner«, alldenstund de tills nyligen, när famil-
jen tvingades bort från sin villa i Luanda, aldrig bott någon annanstans.
Också frun var född i Angola, medan han själv kommit dit som liten.

– Nu är det däremot, har jag fått höra, Cubas ambassad som håller till
i vårt hus.

– Det bör ha varit ett rejält hus då, för att kunna fungera som en hel
ambassad?

– Huset byggdes till i generationer, så det rymde både min och sysko-
nens familjer.

Så snart de första fiskarna var klara, efter att ha halstrats långsamt, så
knapriga i skinnet att detta skars bort, pupillerna lika vita som resten av
ögonen och de kluvna stjärtfenorna lätt förkolnade, sköt Sebastião över
dem på fyra papptallrikar, två till barnen och två till Jan och Stefan. Sar-
dinerna var naturligtvis urtagna, och överhällda salt, men hade ryggrad
och som sagt huvud och stjärt kvar. Vitt bröd serverades till. Ingenting
utöver några droppar citronsaft ansågs behövas.

Dottern satt iförd en minimal trosa, utan något på sig på överkroppen,
trots att brösten redan trängde fram flera centimeter.

– Ni fick alltså inte betalt för huset, om jag förstått saken rätt?

– Nej-nej! Vi kördes bort av milisen, blev från en dag till nästa *retorna-
dos* och förlorade därmed, om inte allt, så åtminstone det käraste vi ägde.

– Och hur tar ni *det*, om jag får vara så nyfiken att fråga?

– Det är svårare för min hustru än för mig.

Sebastião pekade på frun, som sade något på portugisiska. Nya sardiner delades ut. Fiskrenset på ena tallrikshalvorna växte. Jan såg till att smussla in en filé i servetten åt Camões. Barnen sprang snart omkring och lekte istället för att fortsätta äta. I bakgrunden syntes muskulösa byggjobbare i de gluggar i huset där så småningom dörrar och fönster skulle sitta.

– När räknar ni med att vara klara?

– Det beror mest på hantlangarna. Det har redan tagit betydligt längre än vi trodde och som ni ju själva ser går det ännu långtifrån att sova över här ute. Det var särskilt vanskligt att få tag på skickliga snickare, men nu tror jag att vi efter många misslyckanden äntligen har funnit två som verkligen kan sina konster.

Jan pekade med gaffeln på en just på hans tallrik nyanländ sardin, samtidigt som Sebastião kunde sätta sig ned för att börja äta själv:

– Det är havssaltet som gör dem så goda.

– Men rökdoften är *väl* så viktig, sade Stefan.

– Det är den speciella sältan i de lättlösliga, krispiga kristaller som destillerats fram ur renat havsvatten som jag tycker så mycket om!

– Torr, pepprig, stark träkolsrök!

Värden lade sig i och förklarade att *både* rök och salt var hemligheten. Bägge lyfte precis lika mycket fram smakerna:

– Direkt över glödande kol eller än hellre indirekt värme under lång tid. Färsk fisk som fångats i gryningen och fått suga i sig av rökens alla aromer, i tillägg generöst överströdd med havssalt!

Nere på stranden stötte Jan en dag på de tre Lissabondöttrarna från krogen. Det visade sig egentligen vara två döttrar och en väninna; det berättade han väl åter i huset. Han bad dem förresten titta förbi om någon timme.

– Vad fick du för intryck?

– Not teeny-bopperish, but certainly more immature than Latin Satin.

– Ja?

– Det är vad jag kan gå i god för.

– Men du måste ha *talat* med dem också, för att lyckas få dem med ända hit.

– Some such thing.

– Eller delade du bara ut snask?

– Ganska omgående. Hinkvis.

– Dessutom: vad bjuder vi på?

– Vet inte vad vi ska duka fram utöver oss själva. Har inte tänkt så långt.

– Kanske de inte intar alkohol, om de nu är så unga, eller i alla fall inte på blanka eftermiddagen, eller i alla fall inte i okända mäns sällskap, och litteratörers, och på bortaplan. Kanske te?

– Eller kaffe.

– Eller hallonsaft.

– Eller gott dricksvatten.

– Som vi inte har.

– Som inte finns här.

– Som vi aldrig har saknat.

– Som vi inte skulle ha använt till annat än utvärtes bruk.

– Ett ingenting.

– Som inte ryms på ett sandskär i Atlanten i fyrljus.

– Vi bjuder på uppsamlad ösvett med litteraturdagg i.

– Vi kan bjuda dem uppsamlat regn.

Ana Cristina, den mest talföra, hade fyllt 20. Hennes lillasyster var 19 och den blonda väninnan Amália 22.

Flickorna hade med sig sjöhästar och en sorts armband gjorda av små pilgäddelika smala fiskar som de funnit på stranden och i färskt skick böjt på så vis att den vassa stjärten skjutits in i munnen. Varje fisk hade torkats till en perfekt cirkel i armbandsstorlek.

Jan tog emot gåvorna och placerade dem rådvillt på bardisken.

Nästan av sig självt hamnade Jan och Amália efter en kort förevisning av husets interiör ute i trädgården, där Jan presenterade Camões, och Stefan och Ana Cristina på motsvarande sätt på sin kant i vardagsrummet, medan lillasystern snabbt tröttnade och utan vidare resonerande gick därifrån.

Jan undrade om Amália intresserade sig för katter och vad hon trodde om Camões ena öga. Hon hade aldrig haft katt själv, så hon vågade näppeligen uttala sig om ögats skick. Jan tillade att Farol verkade vimla av förvildade djur, ett påstående som Amália definitivt instämde i. Han fortsatte berättelsen med att de döpt kattungen till Camões, något som fick Amália att skratta. Hon hade aldrig hört någon kalla en katt så förr, men förstod varför just den här katten namngetts efter nationalskalden.

Ana Cristina studerade juridik, men var mest intresserad av poesi. Hon skrev egna dikter och hade inlett arbetet med en roman. Hon kallade sig idealist och föreföll vara högst engagerad i studentpolitiska frågor.

– Själv börjar jag få nog av universitetet.

– Men du skriver på en doktorsavhandling, sa John.

– Mer och mer egna saker, istället för …

– Också jag kan ibland tycka att jag fått nog av professorerna och mina medstudenter, fast jag bara har gått ut mitt första år.

– Vad gör du när du inte studerar?

– Tar långa promenader runt i det vackra Lissabon, ensam eller med vänner. En glass, ett besök på bio eller ett galleri och sen te. När jag är hemma läser jag poesi eller lyssnar på klassisk musik.

Det var kväll och de hade just kommit åter från krogen. De undvek »Cesares« bord, fast vinkade i förbifarten i hans riktning, för att inte riskera ytterligare utläggningar om katastrofer i Burmas djungler eller på Bolivias högplatå. Den ene av fiskarbröderna – de enda av fiskarna som redan fått enskild gestalt om än fortfarande inte ett riktigt namn – den yngre och smale, hade verkat oerhört angelägen och förgäves försökt säga något, men utan assistans från Ennani förstod de inte vad han varit ute efter.

Jan tände lampan och de satte sig på verandan, Jan i ena fällstolen, efter att ha hämtat Camões, Stefan direkt på stengolvet lutad mot väggen. Den mildaste bris drog in från havet. De tidningar och tidskrifter som inhandlats i Olhão täckte bordsskivan.

– Inte så lite förblir gåtfullt. Trots George Shultz′ uppspelning av bandet med samtalet mellan piloterna och deras markstation.

– Vad jag inte fattar är hur Kreml kan vara så satans korkat att man *medvetet* skjuter ned ett civilt flygplan proppfullt med jänkare och sydkoreaner. Det vore ju en sak om det rört sig om ett misstag!

– Men centrum har aldrig någonsin i historien haft absolut koll. Det är längre från den general som är befälhavare för Fjärran Österns luftförsvar, till hans boss, den general som i Moskva är högsta hönset för Fjärran Österns Militärdistrikt, via chefen för hela det nationella flygvapnet, via generalstabschefen, via försvarsministern och så avgrunden upp till den svårt sjuke Juri Andropov själv, mycket, mycket längre än härifrån min flitigt arbetande lever och till Alpha Centauri.

Jan smekte kattungen i sitt knä och fortsatte:

– Det är en annan sak att Gromyko *efter* att fadäsen redan var ett fullbordat faktum försvarade agerandet och lovade att om Sovjets *heliga* – det var det ord han använde – gränser kränktes igen skulle samma sak ske på nytt!

– Jag läste att Gromyko ... Senaste gången han satte foten på en gata i Moskva och konkret för egen maskin gick ett stycke trottoar framåt var 1960. Vilket skevt perspektiv! Vilken bristande verklighetsförankring!

– Den där marskalken Ogarov eller vad han nu heter ... Varför måste han till råga på allt *se ut* som en slagbjörn?

– För att man inte blir marskalk annars.

– Kanske för att bringan *måste* vara grizzlybred ifall julgranspyntet ska få plats.

– Vad jag inte heller fattar är hur jumbon kunde komma så långt in på sovjetiskt territorium utan att upptäcka misstaget, sade Stefan.

– De letar nog som bäst efter svarta lådan.

– Vad jag helst skulle vilja få tag på är lite brass.

– Om Louis-Felippe kommer ut kan du väl fråga honom, fast varför håller du fortfarande på och jiddrar med den där fördummande, banala, riskabla, dyrbara skiten?

– Ska du säga som är storrökare. Vad menar du dessutom med »håller på med«? Det är vackert här ute och nära till Marocko och en pipa eller två skadar väl knappast dig?

– They loose health, wealth, wit, life and all.

– Kanske kan den svarta lådan ge fler ledtrådar.

– Om den lämnas ut vill säga, för KGB ligger redan och trycker på den info som finns.

– Varför sköt inte Ivan först åtminstone varningsskott? undrade Stefan.

– Räkna inte med att sovjetiska myndigheter ska avslöja mer. Att skjutordern var ett gigantiskt misstag är uppenbart, men gjort är gjort och nu måste man börja förhandla om de europeiska robotarna igen.

– Mer än så är inte vanliga medborgare värda, ja, förmodligen inga liv överhuvudtaget så snart en viss person eller grupp eller ett helt folkslag haft den dåliga smaken att gå åstad och rätt och slätt dö, massakrerade eller inte. Man kan nämligen varken nasa tandkräm eller ideologisk renlärighet med hjälp av lik.

– Pershing II kontra SS-20, menar du?

– Fast SS-20 är strategisk. På den svarar Pentagon med sin nya MX – Peacekeeper – med en träffsäkerhet tvärs över jordklotet på som allra värst 30 meter. Pershing är ett *taktiskt* kärnvapen. Vad som håller Andropov vaken om nätterna, vid dialysapparaten, är att den tar mindre än sju minuter på sig från Fulda till Moskva.

– Och vad fan hinner han göra på sju minuter? Rätt åt det av tarmgaser uppsvällda aset att han ändå sakta men säkert förgiftas av sitt eget piss!

– Lär vara passionerat svag för skotsk whisky.

– Han har varit KGB-chef längre än någon annan i Sovjets historia. Han låg bakom både krossandet av Ungernupproret 56 och motsvarigheten i Tjeckoslovakien 68.

– Och drev på invasionen av Afghanistan.

– Asketiska slaktare är värsta sorten, menade Jan.

– Så du tror inte på fäblessen för whisky?

– Planterad av Kreml för att han ska framstå som intressantare i väst.

– Kan du inte berätta om hur din morfar Jaan deporterades till Gulag?

– Osäkert var han hamnade och till och med när han dog, och inte bara han. 1941 plockades han bort och fick nog ett nackskott tämligen kort tid därefter.

– Men inte alla var presidenter i Estland!

– Rent formellt kallades han inte president, utan statsäldste, utöver att han var statsminister ett par gånger.

– Och vad är skillnaden?

– Ingen alls. Statschefen helt enkelt kallades för statsäldste.

– Är du lik din morfar?

– Jag har aldrig träffat honom.

– Jag menar till utseendet.

– Varför frågar du det? Är du lik din farfar?

– Inte än, men utseenden kommer och går, så kanske en dag när jag är lika gammal – om jag blir det – att jag då kommer att spricka fram som ett slags Sergio på slutet. Om vi fortfarande pratar om utseende.

– Jag orkar inte orda mer om min familj. Den består till övervägande del av idioter.

– Går det att inta en extremistisk position, så nog är du *där!*

– Dessutom kan du för lite om Baltikums historia. För att förstå måste man gå tillbaks till Tyska Orden.

– Gå tillbaks hur långt du vill!

– Ett kuriosakabinett av enahanda tyskbaltiska vrångbilder.

– Och hur såg man på det tyska kulturarvet bland »rättrogna« ester?

– Berg- och dalbana. Det är väl ungefär som mellan fennomaner och svekomaner bland finlandssvenskar, om det säger dig något, med ideologiskt betingade namnbyten, för Kauri har vi inte hetat längre tillbaka än på 30-talet. Fram till dess var efternamnet Mühlberg, men patentverket tog så dags fram påhittade estniska namn som folk bytte till. Nog nu om min berömda släkt!

– Vad Ennanis far frågar om våra böcker!

– Gratulerar! Du har målat in oss i det beramade hörnet.

– Förstår inte varför Sebastião och frugan låter dottern springa omkring utan bh eller topp eller vad det heter.

– Det eggas du av va? *Fortfarande!*

– Begriper du inte att folk börjar blänga på de där knoppande eller till och med framsprängande brösten? sade Stefan.

– *Du* i alla fall, som inte klarar att titta åt ett annat håll.

– Men fattar du inte? Hennes bror är tolv och så har hon surven av de där brunstiga byggnadsarbetarna runt sig hela tiden som … Den där nakenheten kan väl missuppfattas antar jag, eller åtminstone leda till oönskad uppmärksamhet. Inser inte föräldrarna det?

– People are bloody ignorant apes!

– Tänker föräldrarna bara på Fidels stöd till MPLA?

– Känner jag dig rätt har du utväxlat fler klyschor med Ana Cristina än jag med Amália, men jag hajar inte vad du ska med en ny mätress till om det tydligen mest är för att få henne att läsa Dante.

– Allt börjar eller slutar med Dante. Du springer och jag snackar. Det kallar jag komplementaritet. Det är väl inget fel på Dante?

– Ska du examinera henne också?

– Ursäkta att jag säger det, men nu låter du rätt avundsjuk.

– Inte på danteriet.

– Det finns ingen större diktare än Dante. Vet inte varför du hackar på Dante. Dessutom är poesin en av ytterst få vägar till kvinnohjärtat, men inte bara det. Poesin är hur man än ser på saken – som du mycket väl vet själv – det i grund och botten *enda* som får jordklotet att fortsätta vrida sig kring sin axel. Resten är Andropov!

– You're a hopeless case.

– Vem som är mest utan hopp eller till och med dödast av oss ska jag låta vara osagt.

– Att löpa linan ut …

– Och Amália?

– Gröna kattögon.

– Är hårfärgen äkta?

– Tror du jag genomfört en gynekologisk besiktning?

– Man kan färga håret både här och där.

– Eller ta bort det.

– Inte för att det är avgörande, men jag tycker inte att vi i Sebastiãos sällskap gick till botten när det gäller problematiken rök kontra salt.

– Rök är förhållandevis simpelt. Om man röker för länge, för varmt eller för nära blir det man ska äta förvandlat till läder, och bra för magsäcken är det inte heller.

– Saltar man rejält blir det våldsamt salta fiskar. I så fall blir maten oätlig, helt enkelt förstörd.

– Rökning får man mest bara cancer av. Utan saltintag fel osmotiskt tryck i cellen.

– Saltintaget bådar för högt blodtryck och vad struma och bergsalt är för något behöver jag väl inte förklara? Röken ger både hållbarhet, krydda och smak.

– Och mögel.

– Inte om man har rökt rätt.

– Salt är ändå den viktigaste enskilda kryddan, överlevnadsmässigt, »som du mycket väl vet själv«, till och med långt viktigare än pepparn, som i jämförelse – förtydligade Jan – är att betrakta som lyx.

– Sen kan man göra åtskilligt mer än vad Sebastião orkade på den där primitiva grillen han hade till sitt förfogande. Blötlagda spånor av fruktträd och torkad ved gör knappast saken sämre.

– Har jag aldrig förnekat heller, men om jag måste välja, och här har jag kulturhistorien i ryggen, ja, som enskild parameter, som förstärkare och förtrollande katalysator för att framhäva det bästa i andra smakkombinationer, där tar jag raffinerat havssalt.

– Det viktigaste kapitlet i gastronomins annaler är dock när vi lärde oss tämja elden och kunde börja röka och grilla.

– Vi kommer inte längre. Urbanitet, och därmed kultur, står och faller med tillgången på salt, det kristalliska.

– Prometheus! Urgnistan! Civilisationens födelse!

Jan fyllde 30 idag och det skulle på något sätt markeras. Fast de blev kvar ute på ön, så hade Jan bestämt.

De jobbade som vanligt på förmiddagen, Jan inne i sitt tomma hörnrum, med Camões på en filt vid sin sida, Stefan mer provisoriskt och rankt till det sporadiska knattret från Jans Facit, ute i vardagsrummet. Jans manushög hade så sakteliga börjat växa, utan att han för den skull tyckte sig ha kommit mer än på sin höjd en smula i ordning än. Han väntade fortfarande på att ett större mönster skulle anas och att det inställde sig en ro i romanskrivandet, inte minst vad gällde dygnsrytmen, som enligt Jan för en författare borde vara så monoton som möjligt, ett ideal som han själv ändå aldrig lyckats komma i närheten av på grund av permanenta sömnrubbningar.

Så gav han sig iväg ut på den dagliga löprundan igen, medan Stefan klentroget stirrade på dagens skörd av anteckningar. Efter en i egna ögon oöverträffat hård och hängivet fokuserad halv arbetsdag var det enda han åstadkommit följande satser:

»_ nej jag / är inte den / som / är /// skuggord, jordlott binder _ // ~~Urban hysterika tvärsöver, leoparddräkt till purpurläppar, cigarettscen, nonchalant med fingrarna genom Gjentagelsens spiralvärld~~ _ Klåpare! _ På dig passar de ord som i gåtor framsades under jordens täcke _ 'iagh' el. 'iach' är ett laxativ _ Multiplier comme les anges! _ Ruysbroek _ fjärilsranka vingar, jättehår _ Musselsoppa, Makrillsoppa, Kall avocadosoppa med rom, Baskisk potatissoppa _«

När Stefan vaknat från siestan gick han svettig till badrummet för att blaska av ansiktet. Dörren till Jans sovrum stod öppen. På hans bröstkorg tronade Camões, rytmiskt trampande med tassarna högt uppe på en och samma fläck. Det hördes ända ut hur han spann.

De tog dagens första öl i vardagsrummet, bak fördragna gardiner, för det var ännu för varmt att sitta på verandan.

– Då börjar det dra ihop sig.

– Drar det ihop sig?

– Till *din* dag. Till dess kulmen.

– Med stormsteg snart slut.

– Men själva firandet.

– Du som själv aldrig firar.

– Så röstar jag inte heller. Varken konungen eller jag har deltagit i ballotationen. Sen skiljer vi oss åt när det gäller födelsedagsfirandet. Jag behöver längre startsträcka för att börja än monarken. I gengäld kanske jag aldrig slutar. Vi är inte identiska.

– Ingenting är identiskt, hävdade Jan.

– Nu blir det en vanlig middag.

– Men efteråt kommer säkert hela den här tiden … den här vistelsen att framstå i speciell belysning. Mer bärs?

– Ja, men vad har minnet av Farol med din födelsedag att göra?

– Ingenting har med min födelsedag att göra. Ingenting egentligen. Kanske är det du eller ön som fyller år. Kanske fyller jag tolv, eller trehundra. Eller tolv *och* trehundra, eller gjorde det redan för trehundra år sen.

– Men se på fan på de här idiotiska armbandsringarna vi fick i present av tjejerna!

– Halvt uppätna.

– Det är ju det jag har sagt hela tiden att vi har möss överallt i huset! Du hör väl hur de springer mellan taken?

– De där är det bara att kasta. De där armbandskadavren kan du hiva direkt!

– Men du fattar nu hur mycket möss vi har? Nästa gång gnager de upp ditt bredaste bälte!

– Inte alls. Vi har ju katt! Det är därför det finns katter!

– Han är halvblind!

– Jaktinstinkten är starkare!

– Måste de inte lära sig av modern först?

– Först kommer instinkten att jaga!

– Du litar för blint på instinkten!

– Och du på imitationen!

– Men vi är ju alla papegojor!

– Kaspar Hauser är *en* sak, men Camões är ingen troglodyt!

Eftermiddagen hade varit extra het. Den översta metalldelen av fyren lyste karmosinröd i solens sista strålar när de steg ut på sanden vända mot plåtskjulet med orden VENDE-SE målade på tvärs över den silvriga avflagnade metallen. De vita fasaderna på deras egen sida av stigen gick i ett med himlen, så att vattentornen i caput mortem tycktes sväva i luften.

Jan hade dagen till ära på sig sina spanska kalvskinnsstövlar med trådbroderier, svarta jeans istället för de ordinära blå och en vit amerikansk skjorta – av Stefan döpt till »countryskjortan« – med slingrande silverdekorationer inlagda på bröstet.

Det var annars en kväll vilken som helst när de öppnade dörren till krogen, passerade schäfern, som inte längre höjde på huvudet vid deras inträde, och hälsade på de vid sina supstationer fixerade fiskarbröderna, övriga fastklistrade fiskare och på familjen vid stambordet. »Cesare« syntes inte till än, fyrmästaren måste redan ha gått och teven var tillfälligt död.

Den yngre fiskarbrodern, Rui, fick nu Ennani att översätta för sig att de så snart som möjligt måste titta på hans hus under uppförande, något Jan lovade innan de ens hunnit sätta sig. Om Rui kom bort och hämtade dem en eftermiddag skulle de inspektera hans blivande bostad.

Ikväll vankades det havsål med stekt potatis och endivsallad.

– Hur går det med skrivandet?

– Bra tack.

– Och när är ni klara?

– Det vet man sällan, om man *alls* blir klar. Tar lång tid. Stort jobb, besvärligt, utan garantier. Ett slags fiskande, osäkrare fiskeri. I med garnen, lång väntan, fast kanske utan napp, hävdade Stefan.

– Min far vill ju gärna få ett tillfälle att visa vad han kan när det gäller bokbinderi, nu när han har två livs levande lovande författare hos sig för första gången!

De satt på strandbaren och beställde för att fira in whisky till ölen. Det rörde sig om ett par i Portugal framställda blended whiskies med samma namn som de största brittiska märkena, gjorda på licens, men utan att tillnärmelsevis smaka eller kosta som originalen.

– Jodsprit nästan, men tack i alla fall och skål för dina år!

– Best wishes!

Isabella med man var där, så Jan bjöd och skålade också med dessa.

– Hörde du att Ennani sa att Louis-Felippe kommer ut ikväll?

– Nej. Då ska jag fråga honom.

– Latin Satin ser inte oäven ut, av någon anledning.

– Nyknullad rimligtvis, öppnare, mer avslappnad och gladlynt, ännu lätt simmig och svullen, kort sagt efteråtigare, om man tittar noga, vattnad, tidvatten, ebb och flod i en kropp, kurvaturer och skrymslen, bestämmelse och skörd.

– Von oben und von unten.

– Eller måste jag förtydliga mig kanske?

– Kvicksand.

– Sötebrödsdagar eller obönhörlig förlust.

– Hur det egentligen är fatt.

De skulle just be att få in mer öl och whisky när Louis-Felippe mycket riktigt visade sig, så Jan beställde detsamma också åt honom.

– Och hur trivs ni två här ute?

– Skrivandet går hyfsat, men en massa möss mopsar sig i huset! Visste du det? förhörde sig Stefan.

– Det har alla. Ni måste komma och hälsa på i butiken någon gång, när ni ändå är inne i Olhão. Kanske en uppsättning nya musfällor löser problemen?

– Hördu. Du skulle inte möjligen kunna skaffa fram lite bra röka?

– Du menar … Men det kan du be fiskarna om.

– Vi har inget gemensamt språk, så om du skulle vilja vara så vänlig? Pengarna är inget problem och inte så mycket alls, bara det är bra grejor så.

– OK, men jag kommer inte ut hit så ofta nu när ni bor i huset, men OK. Jag gör ett försök.

– Det uppskattas! Jan fyller år i år … Jag menar *idag*. Och jämnt, så vi firar. Skål! eller vad det heter i Portugal.

– À nossa saúde!

– Otelo ser minsann ovanligt packad ut, till och med för att vara honom.

– De ser ganska dragna ut bägge två den här gången. Och det börjar jag själv bli, dessutom.

– Är det några nya vänner det där?

– Nej, inga särskilt.

En fluga satte sig på kanten av Louis-Felippes halvfulla whiskyglas, men bestämde sig efter några sekunders tvekan att promenera en bit nedför den vertikala ytan. Där drabbades den tydligen av så starka ångor att den plötsligt föll handlöst rakt ned i whiskyn och raskt slutade att fäkta. Louis-Felippe hade sett på – liksom Jan och Stefan – och vägrade att befatta sig vidare med glasets innehåll.

– Det går att fiska upp flugor. Så farligt är det väl inte i whisky? Om det rört sig om ett glas varm mjölk däremot …

– Jag ska ändå gå strax. Jag kom bara förbi. Jag såg ju att ni satt här och ville säga hej. Ja, jag går nu. Och hälsa som sagt på i butiken.

– Det är en järnaffär.

– Vi har alla möjliga saker som behövs! Ha det så bra!

– Vi ses.

– Så äckelmagad. För en flugas skull!

– De har kanske för vana att alltid stå på huvudet ner i just hans ishala glas, spekulerade Jan.

– Det förunnades den åtminstone att få gå hädan sänkt i ädla droppar, ja, så ädla som man på Farol förmår tillhandahålla.

– Jag häller över den där drinken i mitt glas, minus flugan.

– Latin borde alternera mellan borden istället för att sitta fast vid sitt fyllo, tyckte Stefan.

– På cement- eller pingisbordet eller vad det ska föreställa, i så fall. Be henne lägga upp sig där. Hon kan sätta sig så ser vi henne bättre, allihopa, från de blodröda tånaglarna och upp. På den där tvetydiga häcken, halvt kantig, halvt rundad, med händerna bakom sig och de bara benen utsträckta och helst skrevande framåt.

– Men Otelo?

– Mer whisky först. Jag beställer. Han sitter ju och sover.

– Isabella. Kan du inte komma och sätta dig här uppe på bordet? Vi skulle vilja få syn på dig bättre. Vill du ha mer whisky?

– Ska jag sätta mig hos er?

– Jan kommer nu med mer whisky. Det vore inte dumt om du satte dig
där uppe. Då syns du bättre.

– Jag vet inte.

– På kul.

– Min man är så svartsjuk.

– Men han sover. Den tjänsten kan du väl göra oss? Jan fyller år idag,
30 närmare bestämt, och borde därför ha rätt att önska sig något. Om du
bara sätter dig här uppe, inget annat, jag lovar, så kan vi få titta på dina
ben som du gömmer där under bordet.

– Whiskyn kommer med mera öl.

– Såja. Tack! À nossa saúde!

– Om Otelo vaknar nu kommer han att börja kasta stolar och till och
med bord.

– Det är det värt!

– Ni vet inte vilka scener jag varit med om!

– Men vi är två mot en och kommer att försvara dig! Det har du mitt
ord på!

– Om vi inte pratar för högt så vaknar han inte!

– Men tids nog vaknar han!

– Sluta lev med honom då, om han är så hätsk!

Det var hög tid att lämna baren, eftersom det inte länge fanns andra gäster
kvar och servitören hade hunnit stapla plaststolarna på hög, utan att det
kommit till någon konfrontation med Otelo annat än att han som abrupt
vaknad tagit sin fru bryskt i handen, blängt surmulet på dem och dragit
iväg med henne i högsta fart.

Jan och Stefan fick svårt att resa sig efter allt drickande, men vacklade
slutligen sidlänges som krabbor, för att komma ur fläcken och alls hålla
sig på benen, ut på sandstigen förbi fyren just som reservaggregatet med
ett vrål drog igång, men vek istället för att ta vägen hem – rakt norrut – av
ned till stranden, som genom en tyst överenskommelse, som sardinstim-
met som plötsligt ändrade riktning utan att någon enskild ledarfisk tagit
täten.

Det brann där, ur ett fyrfat. Kanske det var den i vinden oregelbundet fladdrande elden som attraherade? Fem personer stod i cirkel, mitt i natten, vända mot de i orange dramatiskt dansande lågorna. Det enda som syntes var ansiktena, men det var först när de kravlat helt inpå dem som Stefan urskilde att det rörde sig om Ana Cristina med familj. Han försökte strama upp sig så gott det gick och hälsa utan att hicka eller sluddra alltför kraftigt, vände sig om för att inkludera också Jan, men hann istället i ögonvrån nätt och jämnt skymta hur den nu i bara kalsongerna avklädde vännen kastade sig huvudstupa ut i havet, trots att vågorna gick minst en meter höga.

– Din vän ska bada?

– Han är viking. Han … en som simmare … mycket … men … Det är klart … Ööh… Det är mycket sent och mycket starka vågor och mycket få kan fiska honom … Ärligt talat … Vi är mycket … Det är hans … Han fyller år och vi har …

Man värmde sig runt den gamla oljetunnan, inte för att det var kyligt, även om blåsten från havet var nog så kraftig, mest kanske av gammal vana, en familjeritual. Den man Stefan nyss presenterats för såsom varande Ana Cristinas far matade elden med drivved. Ana Cristina förklarade vad Stefan och Jan gjorde på ön, yrkesmässigt, för föräldrarna, trots att Stefan hörde på tonfallet att hon beskrivit dem förr. Han frågade den i ruset fördubblade fadern inom vilket område denne verkade. Fadern var militär, artillerist, major.

Stefan vände sig om titt som tätt och spanade ut över vågorna. Till slut ursäktade han sig och snubblade först ned till vattenbrynet och Jans kläder. Han flyttade stövlarna och skjortan en bit högre upp, som om det skulle hjälpa, reste sig och ropade, men fortsatte snart en bra bit upp över midjan ut i havet. Ana Cristina följde halvvägs efter.

– Vart tog galningen vägen?

– Klarar han sig?

– Han drabbad av en fix idé … Han gjort det till en sorts levnadsregel … Så snart … Om Jan befinner sig ombord på öde öar … Den märkliga … kan han omöjligt lämna utan att först testa, provsimma … överleva sig tvärs över till ... oavsett distansen ... närmaste ... och tillbaks, hittills. Eller på Södermalm, där vi bor, bofast, i centrala Stockholm, över till Kungsholmen eller Söder runt som en felblåst säl. Fast ditåt ... där borta finns ju ingenting förrän Afrika!

När Stefan vaknade förstod han inte hur de lyckats krypa tillbaka till huset, om bara han själv eller också Jan var välbehållen och hemma. Han kunde i alla fall inte dra sig till minnes någon gemensam reträtt, ja, först inte någonting överhuvudtaget efter det att Jan äntligen letat sig upp på land och med uppbådande av sina sista krafter på armbågarna kravlat fram på stranden och med pannan lutad mot sanden om och om igen muttrat en ohörbar harang som Stefan, efter att ha krävt Jan upprepa vad han sagt, inbillade sig löd något i stil med att han kommit tillbaka »från den stormfulla oceanens domän«. Nej, Stefan klarade inte att erinra sig vad Jan kunde ha sagt. Fast något från Homeros var det tvivels utan. Kanske om att med den skeppsbrutne Odysseus åter ha fått kyssa fasta marken, böjt knäna och sina starka armar, utmattad efter kampen mot havet? Hela kroppen var svullen och ur mun och näsa spydde Odysseus vatten. Utmattad och stum låg han där alltför trött för att orka röra sig. Så fick han efter vart tillbaka andetagen och kvicknade till igen, band upp Kalypsos slöja, som han virat runt livet och lät den återvända till havs. Odysseus vände sig om mot fasta marken igen och kysste den fruktbara jorden ...

Sovskrubben var trång, unken, instängd och svettluktande. Stefan måste ha drömt att han blivit bestulen på ett manus, att en okänd gett ut hans livs bästa manus som sitt eget, inhöstat massiva hyllningar och att ett annat just publiceringsfärdigt originalmanus samtidigt brunnit upp.

Han var så märkt av gårdagens drickande att skallen tycktes pulsera i storlek mellan att blåsas upp till rekordpumpans dimensioner bara för att strax pressas samman till om inte senapskornets så i alla fall ärtans radie. När han slutligen på grund av törsten tvingade sig upp från dyschan och passerade Jans rum såg han att vännen osannolikt nog antingen måste ha fortsatt supandet efter att de kommit hem, eller att ha satt i sig mängder nu på morgonen, eller bäggedera, för på golvet framför sängen stod en hel kvartsmåne av tomma ölflaskor utplacerade, tätt arrangerade så att formen mitt mellan nymånens allra tunnaste skära och halvmånens rondör inte skulle kunna missuppfattas. Flaskmånen var i kommande, men från sängen sett i gående. Vart hade vännen tagit vägen?

Stefan passade på att gå in i Jans arbetsrum och slå upp passagen i Odysséen. Raskt fann han den understruken: »Tvenne dagar och nätter i rad på svallande böljor / vräktes han kring, och ofta hans själ såg döden för ögat. / Men när den tredje dagen blev tänd av den lockiga Eos, / slutade blåsten med ens, och blankt som en spegel blev havet / utan den ringaste vind; då varsnade stranden han nära, / medan han skärpte sin blick, när högt han lyftes av vågen. /.../ Här sjönk han till jorden, och undan / veko sig armar och knän, ty hans styrka var kuvad av havet, / hela hans kropp var svullen, och ur hans mun och hans näsa / strömmade vattnet i mängd, och andlös låg han och mållös, / sjunken i vanmakt hän, av sin stora mattighet gripen«. Exakt så var det Jan hade reciterat, det första han gjorde väl uppe på stranden igen.

Jan var tillbaka från sin löptur. Iförd solglasögon sade han sig redan ha fått blodsockret och darrningarna korrigerade. Också uttorkningen var någorlunda neutraliserad. På hemvägen stötte han på Ennani och diskuterade hur det gick till att bygga på Farol, med utgångspunkt i grannarnas påstådda svårigheter att finna rätt på snickare, vidare utifrån det faktum att hela den strategiskt belägna ön ägdes av marinen och att myndigheterna därför var ytterligt restriktiva när det gällde beviljande av bygglov. Svartbyggen eller till och med minsta utvidgning accepterades inte alls utan rätt dokument och de nödvändiga, gärna i det oändliga utdragna, juridiskt-tekniska konsultationerna eller smörjningsprocedurerna:

– Jag trodde först han överdrev det där med snickrandets bottenlösa förfall och permanenta urartning här nere. Det borde väl inte vara så himmelsvid skillnad på hantverkares skicklighet i olika länder – de borde trots allt kunna prestera någorlunda samma resultat med hammare, murslev och pensel, eftersom behoven är desamma överallt och rimligtvis kundernas omdömesförmåga – men du har ju själv sett hur klantigt och hafsigt Associationens namn är målat över ingången. En svensk förstakladdare skulle göra det bättre.

– I alla fall i vår generation, som ännu hade välskrivning på programmet, svarade Stefan.

– Hur kan det i så fall komma sig att du presterar Europas mest oläsliga kråkfötter? Hur som haver drog Ennani mig med upp på taket till Associationen. Han hade nämligen haft problem med störtregn som en gång letat sig in den vägen och förvandlat väggen till wellpapp, så som jag förstod saken. Ennani hade därför slagits av det faktum att när han och fadern byggde Associationen hade de inte vidtagit några specifika åtgärder för taket alls, inte ens kalkat det, som väggarna, utan helt sonika lämnat taket åt sitt öde med alla rostiga uppstickande armeringsjärn oavknipsat böjda och anskrämliga, men – minsann – då kom Ennani på att kontakta en murare som skulle åta sig att gå över taket med kalken. Förslaget värre krävde killen pröjset först, och fick det, vansinnigt nog, blandade till i en hink han fått låna, bad om en stege och var så rappt plötsligt puts väck. Alltså måste Ennani ändå klättra upp på taket själv och åtminstone med egna ögon få bekräftat att jobbet blivit korrekt utfört och vad fann han väl då om inte att den tomma hinken vräkts över ända, efter att hantverkaren nöjt sig med att slänga innehållet rätt ut över en godtycklig flik av takytan vilken som helst, på måfå, första bästa, en ensekundersgrej, utan att stryka ut sörjan ens en gång, så som de naturligtvis kommit överens om, och så evaporera utan ett ord.

– Baksmällan och minnesförlusten. Hela huset gungar idag, så att man ogärna rör sig. En törst som inte liknar något annan, möjligen i konkurrens med halsfluss.

– Men anekdoten tar inte slut där, för hunnen så långt stod både jag och Ennani uppe på samma lätt sviktande tak och tittade ut över förödelsen och inte för att han själv hade kalkat färdigt. Icke då. Till och med hinkjäveln han gafflat om låg kvar och skräpade bland gamla näsdukar, stuvar till heltäckningsmattor, plastkassar med avfall, krossade tombuteljer, ratade murslevar med stelnat bruk på, som om kalkningshinken omöjligt kunde rubbas, som om varje kubikcentimeter av dess plåt och resterande innehåll gott och väl vägde som en genomsnittlig planet.

– Hördudu, jag … Såvitt jag minns för huvudvärken – och det är jag långtifrån säker på – har jag ett avtal ikväll.

– Du är abonnerad?

– Vi träffade ju Ana Cristinas familj igår på stranden, om du kommer ihåg, vid elden, och de åker hem till Lissabon imorgon redan och vi sa igår där vid tunnan – när jag trampade runt och oroade mig så in åt helvete för dig och för att bokstavligen kasta upp på hennes föräldrar eller släcka elden i tunnan eller solka mina skor – att vi skulle ses ikväll efter middag. Om jag inte drömt ihop alltsammans.

– Upptagen av en liten flirts förlängning alltså! But what have I to do with nuns, maids, virgins, widows and their notorious fornications?

– Vad fan gjorde du ute i havet?

– Jag skiter väl i Ana Cristinas föräldrar!

– Du vet mycket väl vad jag menar, mitt i natten, i aspackat tillstånd, i höga vågor och kuling.

– Ville egentligen bara ta mig tillbaks, eller se om jag *kunde* komma tillbaks. Om det gick eller var gagnlöst. Och det lyckades Odysseus rätt bra med, trots Jordskakarens fientlighet! Komma fram eller bli borta. Vinna eller försvinna. Drunkna eller att åter få kyssa fasta marken under ens fötter.

– Och *jag* då, som stod kvar och vacklade och väntade och våndades på stranden?

– *Du* hade ingenting med *mina* excesser att göra. Det var jag och vågorna, havets fordringar och natten mot mitt glatta kroppshölje, att än en gång kasta sig ut från en ö för att försöka ta sig i land igen, precis som jag redan har anförtrott dig, att resa, rasa, att omsluten av de svalkande vattenmassorna … Jag kunde inte gärna fortsätta över till Casablanca först och vila upp mig där, torka kallingarna mellan första bästa minaretpar och dricka te med Hassan II inför återfärden. Och fyren hade jag som vägledning och marelden på ytan och ljushalon från Faro och-

– Du får det att låta som om du tog dig ett dopp i en kavlugn skogstjärn och inte en osäker kamp i ett hav med meterhöga vågor.

– Det rörde sig inte om någon undergång eller avlivning, utan att frisera en förlegad personlighet, ett slags rening, hudömsning, inledningen på något nytt. Du förstår … Mitt fostervatten var medelhavssalt och vinfärgat, inte östersjösött som ditt!

– Du menar att det är jag som står för margarinet och du för olivoljan!

– Jag har flera gånger fiskats ur det födande havet, med förnyade krafter, en havsdiande Adam lik där jag på födelsedagens upplopp tog mig fram med fyren som ledstjärna och inga småbåtar att ta hänsyn till heller, ingen fiancée som väntade på stranden, så dags! Inte en endaste propeller som kunde skalpera mig inom räckhåll! Ingenting utom jag själv och naturens frapperande krafter, mischmaschets motsats, självbedrägeriets och fablernas korrektur, ännu ett födande stickprov som borde visa om jag alltjämt var befälhavare eller ej!

De möttes på samma strandstump som igår natt, rakt nedanför fyren, vid det gamla rostiga eldningsfat som fortfarande rykte svagt. Ana Cristina hade släppt ut sitt midjelånga kastanjebruna hår och klätt upp sig i en aftonklänning som nådde ända ned till skodon som tyckes mer ägnade för operabesök än strandpromenader.

– Vilken fantastisk ö!

Stefan hummade instämmande.

De gick österut, längsmed strandkanten. Vinden var i avtagande och både det svarta vattnet och sanden glimtvis upplyst av fyrljusets på sekunden upprepade kretsande.

– Jag känner mig som en sjöjungfru här.

– Strandsatt?

– Jag åker alltså hem imorgon, för att fortsätta studierna. Så trist!

De sista blå tonerna på himlen och i vattnet lät sig nätt och jämnt urskiljas. Den enda visuella kontrast som återstod var skillnaden mellan det glimmande våta och den ljusabsorberande matta sanden.

– Men jag kommer att låta en del av mig förvandlas till en sparv som tar sig hit ända från Lissabon, för att titta till dig, bara så du vet att jag ser dig!

– Jag förstår.

– Du måste naturligtvis vara som du själv vill. Men … Jag beskyddar dig gärna på något vis.

– Behövs inte.

Hon fattade tag i hans arm och krokade i sin. Med den andra handen höll hon kokett ut klänningen.

– Själv kom jag i alla fall hit för nästan en månad sedan, som ett vrak. Men försvaren försvinner här ute. Man öppnar sig efter vart. Jag hör hit, till havet, till detta vita och blåa universum under en enorm sol och alla silverstjärnorna. Som om den oskuld som finns inom oss inte tilläts att visa sig i staden. Vad kan jag säga? Jag vill ju ha ett barnahjärta, fast vara subversiv också, att få tänka, drömma, älska!

– Vad hindrar dig?

– På universitetet handlar det om att rapa upp vad de eminenta professorerna säger, att etikettera personer som »kommunister« eller »fascister« och att vara så opoetisk som möjligt. Ska vi vända?

– Om du inte vill fortsätta ut i mörkret?

– Vi vänder här. Jag ska bara ta av mig skorna. Om du hjälper mig att hålla balansen.

De kysstes, länge. När han grep efter hennes närmaste bröst drog hon sig undan.

Han behöll skorna på. De påbörjade långsamt – hon med vatten upp till anklarna – promenaden tillbaka, nu med fyrljuset mot sig.

– Jag skulle vilja resa också.

– Vart?

– Till Indien och avlyssna hennes hemligheter, bestiga Israels berg och i högsta grad se Grekland, gudarnas land, lära känna hennes skönhet, lika intensiv som ett tickande ur inuti ens hjärta.

– Då kommer du säkert att förr eller senare göra de där resorna. Du är ju inte mer än 20 idag.

– För jag vill inte bli en traditionell kvinna, utan tankar, skrida omkring upptagen av att försöka vara vacker, med belevade manér men för övrigt dum. Och jag tycker inte om portugisiska machomän heller, som utnyttjar kvinnor för sin egen skull. Jag är född idealist och kommer att dö som en sådan. Jag är bara så rädd att universitetet ska förvandla mig. Jag hade stora förhoppningar först, när jag började med juridiken, för jag inbillade mig att jag på så vis skulle kunna förändra världen radikalt.

– Inte en chans.

– Det är så svårt att inte gråta. Vad ska det bli av oss? För jag tillhör poeternas släkte. Jag är både stark och svag på samma gång.

Stefan hummade åter instämmande.

– Du säger ingenting. Du är som en avlägsen borg uppe på en bergstopp en becksvart natt.

– Jag lyssnar.

– Hela ön är så overklig, den här natten på stranden och fyrtornets ljus, en magisk sommarnattsdröm.

– Nog är den lockande.

– Vad tänker du om mig?

– För tidigt att uttala sig om.

– Jag vill ge dig min sjalett, favoriten, som ett minne av den här kvällen.

– För det första är kvällen inte slut än och för det andra ska du väl behålla den, snarare, om den är din favorit?

– Nej, du ska ha den. Ta den. Här. Jo. Kanske doftar den fortfarande efteråt … Kanske dröjer det sig kvar lite av mig och havet här, av i natt, av vårt möte på Farol, när du kommer hem till ditt land!

Det knackade på dörren. Rui var där för att hämta dem och visa sitt nya hus. Båda satt egentligen och skrev, men eftersom Jan hade lovat Rui att titta på huset – Stefan förstod inte varför – kunde de väl lika gärna göra det på en gång, för att få inspektionen eller välsignandet överstökat, bara Rui fattade att han inte oanmäld någonsin igen fick komma och störa dem mitt i arbetet.

Rui saknade både sin storebrors kroppshydda och auktoritet. Han skalv av nervositet och tittade sig ständigt runt ikring, som om han riskerade att när som helst falla genom ett osynligt schakt i marken rakt ned till jordens medelpunkt. En den allra tunnaste hudfilm tycktes med yttersta möda ha spänts lika tätt som åtsittande över hans av kraniet och käkbenen skarpt definierade ansikte, permanent försett med en svärtande skäggstubb. Han var den ende av öns bofasta män som saknade mustasch.

De låste huset och gick ut på sandstigen, skrattade åt rucklet tvärsöver som så länge texten inte bleknat ännu påstods vara till salu – vem som nu kunde tänkas lägga ett bud på en skev hundkoja i korrugerad plåt? – fortsatte mot fyren längsmed raden av patetiskt havererade planteringsförsök och sommarstugornas av fuktfläckar, rinnande målarfärgsklickar i vilka grälla kulörer som helst intill varandra och rostiga, bågnande, buckliga, sotiga plåtstycken dekorerade fasader.

– Flera av de här skokartongsbyggena påminner om människohud. Har du tänkt på det?

– Mer specifikt om skinn i så fall utsatt för åkommor som psoriasis, skabb, bältros och lepra i skön förening!

– Jag vänjer mig inte vid blandningen av kåkstad och organiskt förfall, sade Stefan. Och de där kaktusarna liknar svärmorstungorna som står hemma hos dig.

– Agave är det väl, som man bränner tequila av.

– Den för mig oemotståndliga ljudlikheten mellan agave och Algarve!

– De kommer nog från Amerika, liksom alla kaktusar.

– Och vem tar hand om dina svärmorstungor när du är bortrest?

– Den Gamla Världen har i grund och botten bara bidragit med fårets och druvans så småningom förbehållslösa tämjande, stridsvagnen och monoteismen.

– Fast skriften såg väl inte precis först dagens ljus i Amerika.

Rui ville veta vad de sade, eftersom han trodde att Jan och Stefan talade om hans hus, men undringen viftades bort, särskilt som de måste försöka kommunicera med gester och efter endast ett hundratal steg redan var framme. Ruis »hus« visade sig nämligen ligga på deras »egen« lilla »gata« av sand. De hade således gått förbi det otaliga gånger. Kruxet var dock att det ännu långtifrån rörde sig om något hus, blott en meterhög fyrkant av tjugocentimeters, kvadratiska, tätt perforerade, terrakottafärgade tegelstenar med hafsigt ditkletad cement emellan, utan ordentligt gjuten grund, mer eller mindre direkt vilande på den finkorniga backen av gulbrun sand.

Rektangeln var icke desto mindre allaredan omgärdad av ett fantastiskt utsmyckat järnräcke med grind. Intill låg en punkterad skottkärra och flera högar av hipp som happ omkullvälta tegelstenar. Själva grinden pryddes av en centralt placerad romb med otaliga fiskerirelaterade detaljer innanför, såsom ett ankare med kätting, en dubbel skotstek, en dödskalle med korslagda benpipor, en fiskekrok, ett flöte, ett fyrtorn, två muränor, en rocka, en haj, en sjötunga och en svärdfisk, praktiskt taget ett fritt uppfunnet plottrigare släktvapen. Utsmyckningen framstod för Jan och Stefan som komisk därför att det omsorgsfullt dekorerade räcket egentligen skyddade ingenting alls, än, men enligt Rui – som i avsaknad av skolgång och vana vid utlänningar måste förlita sig på sin dialektala portugisiska – var huset tack vare hjälp från storebror Gomes benägna bistånd ändå snart färdigt.

– Det var det det. Han började med inramningen. Som att köpa rattmuffen eller bilhandskarna innan man skaffat kärran. Duktig smed i alla fall. Kan vi gå hem nu och fortsätta med vad vi är här för att få uträttat, eller är det något mer han måste meddela oss idag? undrade Stefan.

I samma stund som orden uttalats halade Rui fram en binge papper ur bröstfickan på sin lappade skjorta. Med högtidliga gester försökte han veckla ut dem i vinden. Det visade sig inte bara vara papper vilka som helst, utan såvitt Jan och Stefan begrep något slags juridisk korrespondens, förmodligen mellan Rui och hans advokat, samt mellan advokaten och marinen, för marinens ankarprydda symbol var tryckt i brevhuvudet på det mest imposanta dokumentet. Rui pratade både länge och väl om aktstycket, pekade och underströk ett par för åhörarna fullständigt obegripliga poänger och flyttade så först sitt för väder och vind exponerade pekfinger från någon extra signifikant paragraf, via en otroligt snirklig signatur till sina två åhörare, en i taget, allvarligt och med sorgsen min, för att med samma finger till slut vila på »huset«.

Jan och Stefan stod där mitt på dagen, i det kraftiga solljuset, i den lätta pålandsvinden, kastande skugga på sanden, vid armeringsjärn utan murbruk kring, för en närsynt betraktare kanske påminnande om med tjänliga plagg belamrade fågelskrämmor, eller om två minimalistiska skulpturer nedkörda i backen, förvisso utpekade och föremål för Ruis

70

orealistiska förhoppningar, men i grund och botten föga mer än två frivilligt strandsatta resenärer, alternativt uråldriga raukar.

– Tror han att vi kan bistå honom med det fackjuridiska?

– Allt är möjligt, misstänkte Jan.

– Jag som glömt att ta med mig peruken och kappan.

– Rui: nada Portuguese, não compreendo. Ennani intérprete. Vi falar via Ennani, restaurante, noite. Ennani. Sabe … Pode … Comprende?

Medan Stefan gjorde frukost och skulle hämta något ätbart ur kylskåpet skuttade Camões fram ur Jans rum och ville ha mat. Kattungen hade lärt sig att förknippa kylskåpet med mat.

– Du tror väl att käket tillverkas där inne just nu. Du hör hur det mullrar. Inte mycket du fattar.

När Stefan öppnade kylskåpet märkte han att det inte var särskilt kallt inuti. Inte gav det ifrån sig ett sedvanligt lågfrekvent dovt summande heller. Luktade det inte misstänkt i rummet också? Svärjande den ena kraftiga kötteden efter den andra böjde han sig ned mot stengolvet och kikade in bakom kylskåpet, konstaterade att den lilla gaslågan på baksidan hade slocknat, ströp omedelbart gastillförseln på reglaget framtill och gick ut i köket igen, med Camões i släptåg, för att fortsätta med frukostförberedelsen.

Så snart Jan stigit upp berättade Stefan genast vad som hänt med »det helvetes kylskåpet«:

– Fan också vilken jävla otur att det skulle bryta samman medan vi råkade hyra här! Vad gör vi nu?

– Byter gasbehållare.

– Och hur gör man det? Och var får man tag på en sån mackapär?

– Vi frågar Ennani. Fast ligger det inte en riktigt skaplig hög med gasbehållare utanför restauranten, staplade mot ena väggen? Tror det. På ostsidan. Han vet naturligtvis. Och säljer garanterat en till oss dessutom. Det är såna transaktioner hans familj lever av. Ingen har ju elektricitet på Farol. De måste klara sig själva året runt och gas tillhör livets absoluta nödtorft.

– Men ska vi aptera den där bomben också, själva? frågade Stefan. Det vet vi inte hur det går till!

– Måste du redan i förväg utmåla alla problem i katastrofal belysning? Jag tänker äta frukost i godan ro, utan mankemang, kurera mig och börja skriva.

– Det är enbart praktiska problem som …

– Men livet består mest av praktiska problem.

– Nej, så där kan jag inte leva.

– Har du bott på ett lyxhotell då, hittills, ett där det bara är att ringa receptionen så snart minsta tekniska trubbel uppstår?

– Lyckas jag trä på nålen och sy i en knapp idag faller en annan av imorgon. Var paketet med proppar gott och väl halvfullt nyss gapar det vid nästa strömavbrott tomt. De där tvättmedelspaketen och extraåtgärderna väger som bly!

– Massiva beteendebrister, konstaterar Jan.

– Att allt förr eller senare ska gå sönder eller strejka!

– Beundra det uttjänta!

– Svara då varför i helvete prylarna jämt faller isär eller tar slut?

– Som sagt, Ennani är vår man.

– Tinget och beroendet det skapar! Man skulle fan hellre vara en spritt språngande helnäck jägare-samlare! Jag skulle byta direkt om det gick!

– Du slår de flesta när det gäller önskan att vrida klockan tillbaka, men tiotusen år? Beklagar!

– Och därför hellre skjuta det praktiska så mycket som möjligt framför sig. Se på Camões här! Du beundrar ju honom! Faktum är att han även, hädanefter, är *min* mästare. Går det så går det – det är kreaturens melodi – utan en massa pinaler att släpa på!

– Flyktmekanismer.

– Istället fortsätter man att försöka anpassa sig i nedmonteringen, benbrottet och håravfallet efter stukningsepisoder och tilltagande muskelförtvining och ansamlande av dottertumörer, successivt, ända fram till dess man brakar igenom definitivt och hela föreställningen äntligen är över!

– To drift or drown upon the seas acquainted with the salt adventure of tides that never touch the shores. I who was rich was made richer by sipping the vine of days.

– Du har inget svar.

– There shall be no corals in your bed, there shall be no serpents in your tides.

Efter ytterligare en hård arbetsdag, mycket hård och utan avbrott för ens toalettbesök – Stefan hade trots allt både strävat med översättningen av en Mallarmé-dikt, sonetten Tristesse d'été, och skrivit på egna alster – tvingades han konstatera att det på pappret framför honom otroligt nog inte stod annat än följande: »_ bebyggelse och labyrint / sandström och vatten, tidvåg / en sanndröms sandsöm _ // _ Sprengungen, Schlafbomben, Goldgas _ // _ ganskad och försomligad _ // _ Skråpuk! Humbug! Överdrivare! Förenklare! Sentimentalist!«.

Jan satt längre och längre i sitt arbetsrum för var dag som gick. Askkoppen var permanent inflyttad, liksom kaffe- och tekopparna. Från pinnstolen såg han, om han sträckte på sig, endast översta taket av Sebastiãos byggnation, plus samma till synes evigt blå himmel. Inne i själva rummet fanns inget annat att distraheras av än den på hans högra sida, bredvid manuskripthögen, på en filt placerade och normalt djupt sovande kattungen, de två tomma våningsbritsarna av enklaste slag och en bastmatta på golvet.

Han behövde för sin roman ett porträtt av en håla vid Medelhavet och tänkte använda sig av Olhão, eftersom staden var så sliten, illaluktande, solstekt och fullständigt övertygande i sin tydliga individuella framtoning, särskilt för en mörbultad protagonist som ville gömma sig för eller undvika möten med turister. Jan tyckte till och med att Olhão var exemplariskt bullrigt för hans syften. Här fanns gott om konkreta byrackor som i sitt pälsbefriade skick inte var som vilka generella jyckar som helst! Här hängde fortfarande ett virrvarr av telefonledningar, skarvade kablar och påträffades slarvigt tillyxade gatstenar att ta i beaktande, svartbyggen och hela kvarter som mest tycktes tillkomna på slump. Det var på detaljen hans arbete berodde, på fasadernas livslängd, på sidoljuset som föll över »Stickans« ådriga, seniga, leverfläckiga händer när han med en blåvitrandig fransig handduk vant torkade av de staplade glasen en extra gång, på gestaltandet av hur gårdagen verkade ännu idag och därmed – antydningsvis – kunde komma att framstå även i övermorgon, om tusentals år eller lika gärna aldrig mer.

Det var dags att äta middag igen och så snart de kommit på plats vid stambordet att ta upp frågan om gastuben, men först såg de, precis vid ingången till den lysrörsupplysta krogen – just som Jan sagt – ett formligt berg av gråa, ärrade gastuber ligga staplade ända upp till taket. De hade med sig sin egen, tomma, i samma storlek och steg på.

Tevebilden var nästan tydlig ikväll. De hälsade förutom på Ennanis familj och den i serveringsluckan dubbelvikte kocken också på Gomes och en självlysande Rui, som störtade fram och tryckte deras händer.

– Vad blir det idag?

– Jag tror Joaquim har förberett röd mulle åt oss allesammans. Vi har inte börjat äta själva än, men jag tror som sagt att det lutar åt röd mulle, en verklig delikatess som inte är fullt så vanlig längre. Här kommer i alla fall vinet.

– Vi har problem med kylskåpet, det vill säga gasen är slut. Därför tog jag med–

– Ställ den här du och plocka med en ny när ni går, så adderar vi det på notan.

– Och hur kopplar man in gasen igen?

– Ni bara ansluter tuben till munstycket under kylskåpet, vrider upp reglaget och tänder lågan, i den ordningen. Hur enkelt som helst! Men kolla nu *där!*

Samtliga såg upp på teven från stambordet, för nyhetsprogrammet visade just hur Moçambiques president, den tidigare ledaren för befrielsekampen mot Portugal, Samora Machel, som bäst togs emot ute på flygplatsen av president Eanes och statsminister Soares. Trion steg in i en förlängd svart cabriolet och åkte i stående långsamt i kortege in mot Lissabons centrum.

Jan och Stefan förstod inte bråkdelen av alla invektiv som plötsligt haglade genom luften, men att det rörde sig om ytterligt nedsättande och animaliska benämningar framkastade med största tänkbara aggressivitet gick det omöjligt att ta miste på. Särskilt fiskarna utmärkte sig därvidlag både vad gäller gester och ljudvolym, men också var och en vid stambordet gav utlopp för upprördhet, även den hitintills alltid så timide och sig osynliggörande fyrmästaren. Kocken kom utrusande med en stekspade i ena handen, för att få ta del av spektaklet.

– Varför blir ni så arga?

– Men titta då på den babianen där! Nu har han kommit sig ut ur djungeln va! Får åka där i vrålåket på skattebetalarnas bekostnad! En sån jävel! I paraduniform!

– Men han är ju trots allt Portugals ... Moçambiques – menar jag – statschef! Er egen president har faktiskt också paraduniform!

– Uppblåsta padda! Se på honom! Nyss en barfota getherde ute i buskaget, en ingenting!

– Vore det bättre om ni hade ett uselt förhållande till era forna kolonier?

– Men Joaquim har förlorat ett finger där nere och han är kock! Bröderna har förlorat en bror! Vi var ett mäktigt land förr, med besittningar överallt på hela jordklotet! Och så nu tre kasinon kvar i Macao och denna landflaga bredvid Spanien, nagelklipp!

Med den nya gastuben under armen anlände de utan snedsteg till baren vid stranden, efter vredesutbrottet och den påföljande tystnaden under resten av fiskmiddagen tämligen tagna. Isabella var där med Otelo, men vägrade demonstrativt att ens titta åt deras håll till.

Jan hämtade öl och konstaterade häpet i det han placerade två immiga flaskor på bordet:

– Barnissen fick ur sig att de stänger för säsongen. Då har vi bara Ennanis vattenhål kvar att tillgå.

– Vilken satans retorik!

– Quite a blow out!

Ingen sade något mer, precis som under middagen nyss, som om alla krafter redan förbrukats eller det blivit dags för eftertanke.

En bit in på nästa ronda öl kom två män i deras egen ålder – kanske något yngre – och hälsade från Louis-Felippe. De tog fram ett litet i papper med en gummisnodd omvirat paket. Så snart Stefan betalat avlägsnade de sig.

– Vi har som bekant knappt haft kolonier och här har man just tvingats ge upp sina, efter långvariga och blodiga krig.

– Ska du ligga och röka den där uppreklamerade, insmugglade, sötaktiga, divergerande, depersonaliserande hampskiten nu, dagarna i ända?

– Du kommer inte att märka skillnaden.

– There is nothing so vain, absurd, ridiculous, extravagant, impossible, incredible, so monstrous a chimera, so prodigious and bizarre as–

– Men du kommer *inte* att märka någon skillnad! Det är inte som när man är purung och tror att hela konkarongen handlar om att ha gjort eller ännu inte ha hunnit göra vissa helt specifikt gränsöverskridande, allena saliggörande fronterfarenheter.

– They are false fictions, diabolical illusions, counterfeit miracles.

– Nej, det handlar om analysen, *orden, kompositionen, stilen* och *satserna*. För övrigt tror jag nog att du leder när det gäller pimplande.

– Degenerating into epilepsy, apoplexy, convulsions and blindness.

– Du är klart törstigare och rökigare än jag.

– A vast chaos, a confusion of manners, a turbulent troop full of impurities, a mart of walking spirits, goblins, the theatre of hypocrisy, the scene of babbling, the school of giddiness, the academy of vice …

– Livet levs retrospektivt, om ens det.

– Man undrar om de har ett extra horn i sidan till just Machel, eller om det vore lika illa om någon annan ledare dök upp.

– Machel hade verkligen utstrålning, sken som en strålkastare nästan och hans hållning var ju långt ståtligare och mer statsmannalik än den musgråe Eanes och den utmattade Soares.

– Särskilt bulldoggen Soares, som såg ut som om han precis tvingats släppa taget efter att fastlåst i käkarna ha hängt och slängt i flankerna på en rasande tjur flera timmar!

Solen hade redan gått ned, men ännu kunde de bortom barens enda parasoll och två uppsatta låga glasrutor till vindskydd ana horisonten i sydväst och höra vågsvallet och det regelbundna svaga rassel som åstadkoms när havets underminerande vågor bröt in mot de dämpande stenar som lämpats på hög nedanför och runt den pir utan vilken hela ön vid större stormar skulle hotas, och som för ögonblicket med metronomisk exakthet först lätt kastades upp mot betongen, eller i alla fall beroende på tyngden ruckades, bara för att omedelbart förflyttas tillbaka i motsatt riktning av samma vågs ut mot havet återvändande rester, genast följd av nästa vågs lätta rubbande eller rullande av samma stenformationer, på nytt och på nytt och på nytt fram och tillbaka mellan musselskalen, ett par krabben, den huller om buller ilandflutna och av vädrets makter för stunden deponerade drivveden och de nu i lågvattnet blottade alger som likt lortiga, drypande, smaragdgröna peruker lealöst prydde de mest skallformade bumlingarna, dyblöta som på drunknade, nyss uppfiskade och lagda på stranden för identifiering, samtliga iförda överdimensionerade spenatskalper. Med all oförtruten havsmonotoni kunde de knappast tävla!

Jan visste inte hur det gick med Stefans skrivande, och frågade inte heller, lika lite som Stefan hade minsta aning om hur det förhöll sig på Jans kant. Varje dag gick de till sina respektive arbetsplatser och satt där större delen av dagen, men bortsett från knattret från Jans skrivmaskin, hur det nu än kunde uppfattas, visste den ene inte ett jota om vad den andre höll på med, eller jo, för Stefan hade sagt att han »skriver på något utifrån Divina Commedia«, »Inferno«, »med varje svinpäls – samtida som arkaisk – noga instoppad i sitt rätta fack«, och Jan hade meddelat att han för sin del »joxar med en roman om en kantstött kis som flyr söderut«, men utöver dessa deklarationer förblev pappersarbetet okommenterat.

De öppnade dörren och steg hungriga på. Restauranthålan var lika avgränsad, vindlös, rektangulär, ekande och upplyst som vanligt, i slående kontrast till det vägglösa, avsevärt mycket blåsigare mörker de kom från. Rui hade inte visat sig än. Bara Gomes och de andra fiskarna stod på post evigt vända mot tevens snöglopp. Fyrmästaren reste sig med en nick, sköt in stolen och hastade iväg – för vilken rastlös eller störd gång i ordningen? – just som Jan och Stefan skulle till att sätta sig. Ennani förklarade att det idag bjöds på fläskkotletter, ställde rödvinet på plats framför glasen och undrade om det gått bra med apteringen av gastuben.

– Det var lite läskigt, men vi lyckades till slut.

– Svårt att veta när gasen var på, men nu fungerar det.

– Ni måste komma på besök hem till mig också, så ska jag visa er hur jag bor.

– På vilken del av ön är det?

Kotletterna anlände på tre tallrikar, med Joaquim, för han skulle ha en av portionerna själv. Köttet var som alltid välhängt, kanske marinerat, definitivt bankat tunt, grillrandigt, nästan svartvitt.

Ingen sade något, endast fortsatte skära, tugga och svälja, försökte få med sig ett uns av teveprogrammet och dricka vatten, vin eller i fiskarnas fall sprit.

– Sommaren är slut. Det kan man väl säga?

– Ja, nu är det bara vi som håller öppet till fram i maj ungefär.

– Så utlänningarna börjar komma i maj redan?

– Det blir vattenmelon till efterrätt. Vi håller öppet så länge ni är kvar. Hur länge blir ni kvar?

– Å, det varierar. Jag menar … Vi har hyrt till i mitten av november.

– Utmärkt. Då hinner far min visa sina böcker. Och binda in era egna, om han får dem i tid. Får han dem snart? Vi ska göra en utflykt längs kusten också, tycker jag, tillsammans, på min fars förslag. Och vad händer sen?

– Jan åker till Marocko och jag rimligtvis direkt tillbaks till Sverige.

– Sov för jävligt i natt igen.

– Det är utmärkt för konsten att plågas och sömnlöshet är nästan lika flådigt idag som melankoli var under renässansen.

– Framför allt behöver jag kunna lita på att få slagga åtminstone en fem-sex sammanhängande timmar.

– Sex timmar i följd? Då har man en veritabel latmask i ryggen. Det är väl för övrigt inte konstigt att du ligger vaken med en kattunge i famnen!

– Han stör mig inte.

– Skitsnack när det gäller att hålla en så pass för dig välkänd fiende som vakan på tarmlängds avstånd!

– Det är inte helt sonika att morska upp sig och så simsalabim är insomningskruxet på retur.

– Här behövs det nog ett slags potträning.

– Vanlig nattsömn har jag väl ändå rätt till?

– Men genom summan av strömkantringar och bisarrerier som varje modern människa består av–

– En defekt dialog.

– Skyll dig själv.

– Nog nu om plågor bortom ditt förstånd!

– Sen blir det knappast bättre av att du ända fram till dess du äntligen ska gå och lägga dig igen sitter och grubblar så mycket på din skrala sömn. Moderna människor måste snart ta kurser i hur man andas!

– Vad ska jag göra då, eftersom du är så formidabel på avslappning, harmoni och naturlighet, att vara gemytligt spontan och sprudla av vardaglig glädje?

– I alla fall är inställningen att du till varje pris ska *bekymra dig* för sömnen en lika samtida som kass idé. Det gör väl inget att man inte sover ibland! Vad skulle vara så farligt med det? Konsten är dels att lära sig vila även som icke-sovande, dels att finna på en teknik att tackla vaknätterna, vanmakten, en enskild ritual som bara borde användas vid extraordinära tillfällen, för undvikande av krascher, genom att du de få gångerna stiger upp mitt i natten, lämnar dyschan utan att titta på klockan och så utför rätt sorts lugnande handlingar.

– Och när du nu ändå är i stöten … Paleolitiska lianer av vilket slag?

– Bryt cirklarna med spiraler!

– Gott sei Dank!

– Demonerna är varken spunnet socker, kanelbullar med dopp eller våfflor med vispgrädde och hjortronsylt! För du ligger väl inte nedbäddad i dunet, med naglar och hår ännu växande för fulla muggar trots sparlågan för övrigt, och tänker på alla dessa skönlitterära texter du hitintills har försummat, har framför dig, kanske aldrig hinner fullborda eller har slarvat b–

– Tautologier, efterapningar, utslitna trasmattor hopsamlade och staplade, diverse spottkoppar, författarexkrementers–

– För du ligger väl inte – medan planeterna obekymrat fortsätter sin ringdans – och grunnar på ditt oförlösta kroppshull, på varför du måhända inte har levt riktigt efter sjunde och tionde budordets tredje tillägg, appendix åtta, andra stycket i släktets förhoppningsstadgar?

– Att framhärda i ett ansträngande, uruselt, eländigt och olyckligt eller i alla fall utmärglat liv är väl inte att vara primadonna?

– När du lika gärna som att låta dig nöja med det som redan är säkert, medvetenheten om slutet alldeles om hörnet, att ligga där som en avställd dörr, kan tänka på nästa dags mikromöjligheter och växlingar!

– Strupen formar ljudstötar till stavelser och hela meningar, utan att din hjärnbark återkopplar och vet vad det rör sig om, sade Jan.

– För du är väl svårligen så naiv att du ligger där och kastar dig fram och tillbaka i ångestskovet och gång efter annan går igenom alla backanaler och mellanmänskliga stolpträffar på nytt ända fram till nästa dagsländas grässtrå?

– Prepare thyself to live and die a slave, for he that calls himself an earthly god shall end the restless progress he intends and travel headlong to the lake of hell.

– Gift dig för fan! En blodrik, ung och ivrig fruga vet jag, och det här som har med bädden att göra, med utslockningen, till och med långt efter att ert förhållande inte längre ens är pissljummet … För vaknar du en natt under äktenskapet och fryser på din fot–

– Jag hör att du lever som du lär!

– Då är det bara att sträcka den över till hustrun så värmer hon den, vaken eller sovande, villigt eller ej!

– En sömnlöshet som min är rena rama blottställandet, varken mer eller mindre, men i alla fall *min!*

De satt på verandan en sen eftermiddag. Stefan undrade hur dagens löprunda artat sig.

–Jag startar ju direkt utanför huset, så snart jag snörat på mig dojorna, kollar tiden härifrån och till periskopet och svävar så utan att hejdas tillbaka.

–Och måsarna?

–Jag jagar upp dem, det är klart. Så är det vinden, svindeln, hur pass sopad eller grötig himlen råkar vara. När jag börjar komma i form nu är det som om dojorna nästan inte ens snuddar vid sanden, ett slags viktlöshet eller upphävande av tyngdlagen.

–Du är ensam där va?

–I flykten håller jag mig ur vägen för att jag är vild, för att det bor folk runt ikring, för att man blir förrådd och flådd ombord på den här discokulan. Explorers bring home my skin among their trophies.

– En trofé alltså?

– Jag lämnar det svunna bakom mig, spricker upp, rinner ut och försvinner. Ingen goodwill kvar.

– Ett med elementen menar du?

– Still my love and so conserve my life or dying be the author of my death.

– På ett gyngfly mest hela tiden.

– Vare sig jag vill eller inte jagas måsarna upp i skyn, som att oändligt utdraget befinna sig på en annan planet, en oort där du inte finns, sådana sätt att andas. Och Isabella. Vad göra i henne? Since I´m going to shut up the shop anyhow why not finish in beauty?

De hade slut i sina tekoppar, så Stefan hällde upp mer.

–Och du själv, balanserande på dina dagliga kuddar?

–Allt jag måste veta och vara som inte ryms på ett ark. Därifrån anar jag knappt havet eller ens vidden av algdoft.

– Din bristande förmåga verkar slående.

– Man frågar sig hur pass etablerad och konsoliderad man före 15 års ålder egentligen kan vara. Är jag kapabel att avge hur mycket oreflekterad energi som helst och dessutom slakta hjärncellernas antal i så hög takt? Enligt dig är antalet förvisso oändligt, men det var å andra sidan tusentals år sen du fick dig ett skjut.

– Epoken jag trodde en kvinna blev havande genom en kyss verkar avlägsen.

– Jag har själv blivit kysst lika dåligt och att ha för stort självförtroende verkar lika kasst som att ha för litet. Pennarbetet är handarbetets vänner eller slaveri utan överhettningsskydd.

– Handlingsförlamning, eftersom att *kunna* agera förutsätter *tro* på att man kan bo inte främst på öde öar, att man inte *enbart* är oförbätterligt invärtes, ett mänskligt bankvalv.

– Ett meningsbefriat koagulat.

Stefan skrev som vanligt halvliggande/-sittande efter frukost, i vardagsrummets betongsoffa, eller – snarare än i sträng mening *skrev* – fogade rad efter rad av första bästa infall till klotterhögarna, till det sporadiska men distinkta klappret från Jans av nikotinfärgade pekfingrar bearbetade skrivmaskinstangenter, när Stefan väcktes ur sin lätta dvala av ett bråkigt följe utanför på sandstigen.

Osannolikt nog gick en pråligt uppklädd uniformerad myndighetsperson i täten – som just kommen från president Eanes och premiärminister Soares mottagning för Samora Machel – med en större pärm eller liggare i högsta hugg, med diverse släggförsedda hantlangare i släptåg. De omgavs av tungt beväpnade elitsoldater som med skottsäkra västar, hjälmar och rutinerat spelande k-pistar skyddade gruppen från möjliga angrepp. Som ett hyperaktivt motoriserat knott cirklade en förtvivlad och i falsett högljutt ropande och fåfängt vädjande Rui runt processionen.

– Janne! För helvete! Rui mot militären! Kom på stört!

De klev i skorna på kökssidan, rusade genom kuldraperiet och vidare ut på sandstigen och konstaterade att följet, föga förvånande, redan var framme vid Ruis ofullbordade tegelkonstruktion.

Här hade man gjort halt. En kommendörkapten läste ur sin medtagna foliant och nickade till hantlangarna. Förgyllningen på axelklaffarna glänste. Han beordrade dem uppenbarligen att omedelbart öppna den elaborerade järngrinden och gå löst på de låga, långt ifrån färdigmurade väggarna med sina tunga släggor. Soldaterna intog positioner för att säkra platsen.

Vid norra kortsidan stod Rui och skakade av gråt.

Enligt Jan var Stefan för fixerad vid det mänskliga dramat och satt följaktligen fast i värsta sortens ofruktbara antropocentriskt hierarkiska tänkande. Han borde istället kärleksfullt öppna sig mot de livlösa horisontellt ordnade tingens välde, men även för växt- och djurrikena och uppehålla sig vid allehanda mellanformer mellan den råa materien och Homo sapiens′ inbillningsfoster. Jan menade för den skull att de som en övning var och en borde försöka att detaljerat beskriva fyra olika ting vardera, fyra till synes föga väsentliga mindre objekt.

Stefan invände att inte bara Rilke redan i Neue Gedichte – från 1907 och 1908 – utfört något liknande, och med bravur, utan att det efter Francis Ponge och fenomenologins litterära genomslag blivit ett poetiskt huvudspår att i någon mening inta tingens ståndpunkt.

Icke desto mindre, utan att någon kontrollerade om den andre grep sig an med saken, satt bägge två mellan de egna åtagandena snart och filade på fyra och just fyra föremåls beskrivningar, men ingen simpel deskription, för enligt Jan på något sätt *bevisade* en människas upptagenhet av ett utvalt fenomen både att samma person verkligen en gång hade funnits och minst lika mycket att föremålet ifråga – avlockat åtminstone ett par av sina mer karakteristiska egenskaper, precist formulerade och utmejslade – ännu var praktiskt taget osett och därför hade kvar att bli taget på kornet. Först på så vis grundligt undersökt kunde den artikulerade beskrivningen utgöra en korrigering av det alltför krasst mänskliga perspektivets vanetänkande och vändas till en metod att fräta bort både egen slapp förhävelse och skumögdhet på.

Jans bevis:

a) Det platta avlånga paket vars framsidas RIZLA efterföljdes av ett likarmat kors eller plustecken med en punkt, så att de två första bokstäverna skrivits ihop och samtliga teckens centrala guldfärg omgivits av en vit kant med svart skugga bakom (som om ljus föll in underifrån och från vänster), förutom att en tunn nätt och jämnt urskiljbar ytterligare accentuering av bokstävernas vänstra kanter gjorts genom att ett tunt streck i samma organgeröda kulör som förpackningens bakgrundsfärg dragits. Under ordet RIZLA stod det finstilt QUALITY PAPERS. Det var alltså denna »framsida« han tittade på, inte den brokiga »bakre« som intygade att det 70 millimeter breda pappret hade tillverkats sedan 1796. På bägge kortsidorna tillkännagav talet 50 antalet papper per förpackning. När han väl öppnat paketet började något helt annat (utöver att texten THE ART OF ROLLING framträdde omedelbart under den öppning ur vilket pappret stack fram). Sensuellt vilade översta delen av ett halvgenomskinligt på baksidan gummerat rispapper och väntade på att få stoppas luftigt med tobak, samtidigt som nästa papper, så snart föregångaren tagits bort, genast låg klart fast vänt åt motsatt håll. Så skulle han åter sätta läpparna till, låta tungan spela horisontellt mot det klistriga och med bägge tummarna mot pek- och långfingrarna forma en perfekt ny cylinder till cigarett. Inget annat papper rasslade som RIZLA!

b) Camões ljusa, i det närmaste rent vita morrhår, tio stycken på högra sidan, från Jan sett, nio på vänstra, om man nu inte räknade alla de otaliga kortare och mindre styva hårstrån som snarare än att utgå från ömse sidor om nosen och som sträckte sig horisontellt slokande utåt nöjde sig med att störta rätt ned över munnen. Varför var antalet på respektive ansiktshalva olikt? Det kunde väl räcka med att Camões var enögd? Eller hade han fler på den vänstra sidan, från sig själv sett, för att kompensera den nedsatta eller obefintliga synen på högra ögat? Morrhår var sofistikerade instrument för jakt och kommunikation med omgivningen, för att visa vägen i mörker. Jan tyckte de verkade vara rörliga allihopa, inte enbart ytterst, utan hela vägen, som om de meddelade rovdjuret luftens minsta vibrationer. Petade han nämligen försiktigt på morrhåren blev Camões irriterad och drog sig undan, nästan som om det gjorde ont, och likadant reagerade han om Jan strök med handen över de lodräta förstärkta hår som – antagligen ditsatta som skydd – sköt upp över ögonen.

c) Samma jeansjacka hade han burit i 13 år och bara kommit att uppskatta mer och mer, men varför blev tyget gradvis fläckigare med tiden? Uteslutande för att de partier som stack ut gnuggades hårdare i tvätten, så att indigon som jackan ursprungligen färgats med därför på just sådana ställen snabbare blektes och sköljdes ur? Visst hade passa-in-uniformen krympt så att den knappt gick att knäppa längre, men hemma i Stockholm hade han den ändå enbart på sig mellan maj och september. Slitstark verkade jackan likväl vara, fortsatt, tåla nya påfrestningar och guldgräverier. Ju naturligt slitnare, utan stentvätt, desto personligare, som om dess fingeravtryck blev tydligare ju mindre blåfärg som fanns kvar, ju mindre homogent blåfärgen visade sig, ju längre tid de kopparfärgade metallknapparna satt fast och hans egen överkropp av fler och fler människor förknippades med denna eviga jeansjackas tilltalande och harmlösa slitningar och bröstfickor med lock.

d) Färgbandet i skrivmaskinen hoppade och ryckte medan han formulerade sig, så till den grad att han ibland stavade fel enkom för att han inte lyckades slita blicken från de harkranksveka typbenens dansande. Graden av hur pass spänt eller slappt färgbandet var tycktes växla permanent. Att byta eller inte byta band var frågan, dessförinnan att vända eller ännu inte riktigt vända baksidan framåt. Gyttret av bokstavssiluetter om han noga såg efter på färgbandets feta matta! Så smäckert i jämförelse med de idiotiskt skrymmande datamaskiner han hört så mycket talas om och aldrig kunde tänka sig att någonsin bruka, särskilt inte för något så i grund och botten uråldrigt som att försöka fånga en stämning eller nagla fast en vy! Men färgbandet måste både vara rött och svart, så att han med spaken till vänster om tangenterna vid behov kunde lyfta bandet vid rött anslag, för att markera den ena eller andra skillnaden närhelst han så önskade, utan att behöva plocka fram spritpennor som det ändå aldrig gick att lita på, som sinade eller hade förlagts just när han som bäst behövde dem.

Två plastrullar med fem små asymmetriskt placerade hål runt det större i centrum och mellan dessa ett infärgat tygband var allt som krävdes, ett som ryckvis i takt med att han skrev förflyttade sig från ena rullen över mot den andra, så att varje tecken erhöll nära nog samma mängd svärta.

Dessa ting och oerhört många fler hade framträtt för Jans blick, letat sig in i medvetandets spalter för att hädanefter åter och åter göra sig påminda. Minsta veck, fläck, doft, beröring, missljud och rakknivsvass perception uppövad under loppet av ett helt halvt liv var väsentlig, ja, utgjorde i sig självt ett slagkraftigt BEVIS på att han en gång hade funnits, att det en gång faktiskt påträffats en värld som bland annat var hans.

Stefans bevis:

a) Han köpte dem i packar om tio. Han hade visserligen sett att andra som skrev ägde finare anteckningsböcker med mönstrade styva pärmar och tydliga etiketter, men för egen del föredrog han helt ordinära kollegieblock om 80 blad med marginal och hål i och halvperforerad kant för enkelt avrivande vid behov, gärna med 29 rader per sida och spiralfjäderrygg i mjukare metall. Så simpelt måste blocket vara att det inviterade till att fyllas med vad än han kunde tänkas komma på av fria infall eller slumpen skulle råka virvla upp, om så vore till och med klotter, tespill, utstryk av vin, rester av snorkråkor, öronvax, saliv, sperma, blod, inhandlingslistor, instoppade minneslappar och framför allt ett sammelsurium av hugskott, tjuvlyssningar, dövhet, frossa, larv, analys.

b) Pennstumpen var platt i basen och ställdes därför upprätt, så att den närmast utgjorde ett meditationsobjekt, om han fick använda ett sådant ord utan att kunna ett jota om meditation. I varje tankepaus ställde han hur som helst den minimala pennstumpen uppvänd, som om den behövde vila sig och svalna efter det idoga skrivandet, även om den var nog så svår att vässa till perfektion – åtminstone med den minimala plastpennvässare han medfört till Farol – långt sämre än den bordsmodell han hade skruvat fast hemma i köksbordets långsida. Så snart han förflyttade sig åkte samma orangegula, hexagonala blyertspenna med ut, för säkerhets skull instoppad mellan det elastiska räfflade resårband han virat runt sitt alltid i fickan stoppade svarta anteckningsblocks pärmar. Av någon anledning var den aktuella pennan försedd med märken efter slitage på ena sidan, men den var självfallet otuggad i aktern, dels eftersom han hatade att ens ta i en penna som någon hade gnagt, dels alldenstund han då omöjligt kunde ställa pennan upp, som den avfyrningsberedda missil han ville den skulle påminna om, kärnvapenstridsspetsförsedd och klar. Vad kunde inte åstadkommas med en sådan stump? Vad skulle väl inte gå att få gjort med den korta bit sprutmålat askträ som återstod av pennan i en mästares hand? Vad mindes inte blyertsspetsen dessutom, plötsligt, om den gavs chansen, så snart den sattes i kontakt med vilket som helst papper och utifrån ett enda minnesdammkorn kristalliskt började bygga upp av realiteter? En ansvarsfull diktare glömde ingenting. Allt fanns lagrat i pennspetsen så snart udden trycktes mot pappret, beröringarnas beröring, världarnas hävstång.

c) Resjackan med sin misslyckade sicksacklagning i ryggen, en oböjlig sutur, som om den skapats genom att en klantskalle av misstag droppat genomskinligt lim som så fått stelna och bli stenhårt. Den tunna efter regn snabbtorkande huvan var hoprullbar bak sin blixtlåsförsedda krage, med beige snörkanter försedd. Dragkedjorna var legio, för att inte tala om antalet yttre och inre fickor. Hur ge sig ut på resa utan att vara utrustad med så många fickor som möjligt? Varför lämna bostaden om man inte direkt på kroppen kunde föra med sig vad som var absolut oundvarligt och ändå så lätt som möjligt? Han skulle känna sig naken om inte den trogna gamla resjackan ännu härbärgerade nödvändiga skrivdon.

d) Ana Christinas gåvoschal bestod av ett sammelsurium av ljusblå, milt mintgröna och vita nyanser, till synes godtyckligt utplacerade över tygytan, som om man hällt en gnutta smält choklad i vaniljkräm utan att röra runt och homogenisera blandningen. Stefan utgick från att materialet var silke – eventuellt till och med äkta silke – läckert och lent som det var, glansigt och motståndslöst för handen att stryka över, men så var det kruxet med doften: hur beskriva den? Han antog att schalen, bortom mänsklig beröring, i sig själv antagligen skulle vara doftlös, men nu hade Ana Christina adderat sin parfym till dess massa, och hur genomtänkt formulera doft? Han kunde inte ens med ord utmåla hur en apelsin smakade eller en banan luktade! Det enklaste vore väl säga att schalen ännu doftade Ana Christina, eller av en ung kvinnas blommiga parfym, masstillverkad artificiell vällukt framtagen för att både blanda sig med ägarinnans egen kroppsodör och verka attraherande på omgivningen, särskilt män. Och nog hade hon fixerats, Ana Christina. Alltjämt dröjde hon kvar där i schalen, fast hur länge till?

Detta och åtskilligt annat ofångat, osagt och outlagt fanns omkring honom, men knappast av slump. Varje konkret föremål utgjorde – det fick Stefan erkänna, fast tyst för sig själv – ett individuellt BEVIS på att han tenderat att ta ting på Farol alltför givna, liksom på andra platser, att han passivt nöjt sig med att håglöst räkna in dem i det rymligaste av skafferier, verklighetens superkategori, men en verklighet – det hade Jan rätt i – som snarare än att raskt placeras på hyllor och glömmas måste hamras fram och noga vägas i varje stund som från första början.

Stefan väcktes av ett skällande, mitt i natten, men slumrade till igen, bara för att några timmar senare åter väckas av vad som otvetydigt var hundskall tätt inpå fönstret.

Nästa gång han rycktes upp ur sömnen stod en hund avgjort och ylade strax utanför sovrummets träjalusi.

Rasande sprang han naken och öppnade altandörren, grep tag i en lång tunn ribba som råkade finnas till hands, men som han aldrig fått syn på förr. Med den i handen gav han sig utan att tveka – trots att han brukade vara försiktig med större hundar – direkt på den fortfarande ylande schäfer som när den med ett svischande råkade träffas mitt på nosen omedelbart kröp ihop och tystnade som ett urblåst ljus.

Tillfreds med att ha fått slut på oväsendet gick Stefan tillbaka och sträckte ut ovanpå sängen, fullt förvissad att väckarklockan tids nog skulle få iväg honom ut på veckans provianteringsfärd, för det var hans tur idag att fylla på förråden av bröd, frukt, pålägg, alkohol och dasspapper.

Utan minsta tanke på hunden dåsade han bort, ännu berusad, ända tills det ringde, drack på stående fot en liter vatten, tvättade sig snabbt och hoppade i kortbyxor, en tröja och plastsandalerna, vid det här laget utan att minnas nattens intermezzo, hälsade som hastigast på en nyvaknad Jan, styrde stegen ut på sandstigen mellan pappsommarstugorna till fiskarkojor och fortsatte i riktning mot hamnen, hörde någon bakom sig, stannade, vände, för att konstatera att han förföljdes av den lika storvuxna som magra schäfer som väckt honom i natt och som han råkat ge stryk. Genast saktade hunden in sina steg för att bibehålla avståndet. Stefan gick vidare, dels på grund av att tiden var snålt tilltagen om han ville hinna med båten, dels för att så fort som möjligt befria sig från den obehagliga besten. Han utgick från att skepparen under inga omständigheter ville ha benranglet ombord; dessutom mindes han att landgången utgjordes av en smal spång och den lät sig kanske inte så lätt forceras av en oönskad hund?

Utan att hinna reflektera närmare över hur det gått till satt båda två ändå inom kort på överdäck, i solskenet, och väntade på avgång. Besättningen insåg att det inte var *hans* hund, och tur var väl det, då Stefan inte kunde kommunicera med manskapet, men att göra sig av med djuret visade sig bli svårt, trots att kaptenens hantlangare med trossar formade till öglor som de försökte kasta om halsen på hunden, för att dra den i sjön. Schäfern lät dock ingen komma sig inpå livet, utan blottade morrande tänderna, redo att gå till anfall. Männen kapitulerade, inte minst som det var hög tid för avgång.

Medan färjan stävade ut låg monstret förnöjt vid Stefans fötter och snusade. Att den var loppig och skräckinjagande gjorde att han i avsky sparkade till den i huvudet ett par gånger, då den inte reagerade på milda undanfösningar, men också sparkarna togs emot utan minsta protest eller förflyttning.

Under resten av den timslånga färden var Stefan sysselsatt med att tänka ut hur han borde bete sig vid ankomsten till Olhão, om det skulle gå att kvitta sig med påhänget. Han visste att otaliga herrelösa hundar huserade vid saluhallen, där han till på köpet en gång i Jans sällskap sett byfånen leda en hel flock. Kanske om han promenerade runt mellan stånden ett par varv att den kunde kollras bort?

Så snart han stod på landbacken, med schäfern paraderande i bakhasorna som om duon inte gjort annat än tränat dressyr tillsammans, drog han sig in bland hökarna, fick ogillande ögonkast för sitt sällskap och fortsatte mot de halvvilda hundarna utan att för den skull lyckas vilseleda "sin" hund. Den följde efter lika troget som förr. Det skulle knappast gå att skaka av honom med opretentiösa metoder. För övrigt måste Stefan passa på att rusa till posten innan stängningsdags.

Ytterdörrarna stod fortfarande öppna mot gatan, så han kunde inte hindra hunden från att till övriga kunders förfäran följa med hela vägen till kassadisken. Schäferns närvaro medförde i alla fall att kön med en gång skingrades, så att han utan minsta fördröjning kunde hämta sina brev och gå därifrån.

Nästa anhalt på programmet var ett besök på Banco Espirito Santo E Commercial De Lisboa. Väl framme vid lokalen såg han att bankkontoret försetts med en stängbar enkeldörr som bevakades av vakter. Lättad tänkte han först försöka förklara situationen, men märkte på de klentrogna minerna att han skulle vindla in sig i en härva av missförstånd som uteslutande försvårade bankärendets genomförande och därmed hans önskade sorti. Istället tog han sig ögonaböj in i banklokalen, pressade sig igenom dörrens dragspel och sköt blixtsnabbt igen den noga efter sig, fick en köbricka i mässing och sjönk med den i handen utmattad ned i en lädersoffa och tittade först så dags försiktigt ut mot gatan. Schäfern följde honom intensivt med blicken och fortsatte att göra så under den halvtimme det tog att få resecheckarna växlade. Varken förbipasserande hundar eller människor förmådde förleda den att snegla åt deras håll, än mindre att ledsna på Stefans banksysslor och resolut tassa iväg på egna äventyr.

Vad skulle han ta sig till, förutom att åter gå ut på gatan med uppvaktningen som klistrad bak hälarna? Kvar att utföra av förmiddagens göromål var det viktigaste, inköpen av veckans frukostranson, för ute på ön hade sommarbutiken hållit stängt i två veckor och de önskade också framgent att bara äta middag på krogen.

Efter sex veckor på Algarve visste han att Olhão kännetecknades både av snuskiga löshundar och av att restaurantägarna – som utslag av en lättbegriplig önskan att hålla gathundarna borta – hade egna gårdvarar sfinxlikt placerade i ingången till sina lokaler.

Långsamt närmade de sig hamnkvarteren igen. Här konstaterade han att en dobermann vilade sina framsträckta tassar i dörren på en skaldjursrestaurant, klev därför på och fick genast en meny i handen. För att inte veckla in sig i förklaringar som ingen bett om eller hade förmågan att begripa beställde han ett glas vitt, medan schäfern samtidigt parkerade sig på trottoaren mitt över krogen. Han satt under en undulat som sjöng som besatt i sitt försök att överrösta tevereferatet av ett cykellopp intill buren. Schäfern följde noga hans minsta gester. Ville han skaka av sig följeslagaren borde det ske omedelbart. Han såg på klockan att det började bli dags att ta sig till mataffären om han skulle hinna få med sig några varor innan båten vände tillbaka. Den stackars undulaten ansträngde sig till bristningsgränsen, men förgäves, att volymmässigt konkurrera med kommentatorns bröl. Vinet sveptes i ett drag, så lade han en sedel på bordet och rusade utan att låtsas om varken burfågelns hopplösa kamp eller dobermannens och krögarens förvåning bryskt in i köksregionens inre, fortsatte förbi kocken, med en ström av okvädingsord efter sig, vidare i rask takt genom en gång i vilken en oklädd mormor och en barnaskara tycktes sova och lyckades verkligen komma ut i en portuppgång mynnande på kvarterets baksida, från restaurantentrén sett. Lika tveklöst som nyss, fast i betydligt högre fart, rusade han mot hamnen och den väntande båtens undre däck, i avsaknad av proviant, totalt absorberad av tanken på att ta sig tillbaka – som han hoppades – med bultande hjärta och i komplett avsaknad av mat, men även och inte minst och till nästan vilket pris som helst *utan* gruppbefälet över ett hiskeligt stycke övergivet flockdjur, hans nästa, hans like, hans jättestora nära nog undersåte snarare än kamrat.

Under tiden sprang Jan sin dagliga runda. Så snart han kommit ned på stranden och vikit av österut ökade han farten i vinden. Han föreföll att vara ensam också idag, det vill säga måsflocken skulle antagligen möta honom vad det led, tveka ett tag om han var i antågande på riktigt, hela vägen fram, en tillfällig synvilla eller ett skrämskott, så stiga till väders under sedvanliga skrän, som om ett visst stycke av strandkanten vore exklusivt deras lika mycket som ytan där marinen borrat ned sig tillhörde Portugals försvarsmakt. Fast varför just på den fläcken?

Han måste åter löpa en måsflock framför sig, tills den äntligen lyfte eller landade likt de silverglänsande flygplanskropparnas skärvor mot den djupblå fonden, inte som kompisen proppa sig stinn, utan tvärtom för att hålla sig tom, »remain lean and mean«.

Lika omsorgsfullt som han nyss satt handflatorna förbehållslöst mot verandabordet och hävt sig upp efter att ha snörat på sig löpskorna skulle han än en gång trumma kroppen stadigt viktlösare mot sandstrandens sedvanliga lutning. Balansgången mellan den ofrivilliga vakan och att ha andra människor inpå sig kunde kanske inte distinkt lösas, men ändå göras något uthärdligare om han sprang sig lika stark som trött. Att sätta fot efter fot mot den finkorniga vätan i en lång rad för att få svindeln att ebba ut var melodin, att få bundenheten vid marken att upphöra, bli en del av måssvärmen och efter vart inte ens så pass.

Han hade nyss trevat med fingrarna på sitt eget ansikte, efter ett ansikte – var det likväl i grund och botten hans? – och så vikt tummarna runt bordsskivan, tagit sats och på så vis stagat sig upprätt. Utan stadga tog det slut. Utan rim och reson inget futurum. Att absolut lösas upp till en obestämt dallrande pudding fick anstå och nu gällde det att kosta vad det kosta ville tömma huvudet på allt annat än att fortsätta löpa sig distansen för dagen steg för steg ut.

I lugnet mellan två kriser på sanden på stranden serverade sig solen som ett potentare rus, hans privataste att som sensation och explosion bäst förvalta, väl inmonterad i skallens skrymslen. Med ben som upprätt hårt arbetande pistonger var han snart åter i det förlängda ögonblicket viktlös, en titanvit sömntablett, tills måsarna långt om länge måste lyfta mot det blå likt det allra viktlösaste silverspån.

Sista biten tillbaka till huset kunde han konstatera att fotavtrycken redan höll på att suddas igen. Han följde oavbrutet sina egna halvt urskiljbara, fast otydligare spår bakåt. Om en kvart skulle de vara fullkomligt borta, som om tyngden besegrats, som hade han aldrig löpt där sträckan fram eller vid sidan om sig själv eller strax bakom eller långt framför, utan fotfäste. Hade han så dags alls förflyttat sig? Hade han kanske lika gärna i en evighets intighet rört sig bakåt eller snarare som i drömmen aldrig varit i beröring med någon mark, endast piskat på med löpskorna utan kontakt med underlaget, fäktat i luft, propsat på osynliga vingar, överslätning, alternativt befunnit sig omedelbart *under* sanden, löpt uppochnedvänd, med gummisulorna nätt och jämnt i beröring med den strandsand som dagen gjort synlig?

På vägen från restauranten nämnde Stefan att han just fått brev från Ana Cristina, ett där hon bad honom besöka henne i Lissabon.

Det var ovanligt stjärnklart ikväll och nästan vindstilla. Bara himlen in mot land lystes upp, särskilt åt Faro och flygplatsen till.

– Men vi hade ändå tänkt oss dit bägge två, separat – man får passa på – så brevskriverskans önskningar utgör absolut inget krux. Åk du, om du vill börja, since it is fair Lisbon's turn then, that queen among cities the world over, founded by the same Ulysses whose guile reduced Troy to ashes!

– Då gör jag väl det, ett par dagar. Räknar knappast att bli borta länge. Vi får koordinera min avresa med din nästa provianteringstur, till Olhão menar jag, eftersom jag som bekant misslyckades med att få med mig några varor alls sist.

– Om du inte just därför kunde tänka dig att göra en tur till och få den där inhandlingen som du åkte iväg för utförd själv, den som fallerade på grund av jycken?

– Fast då finns ju risken att schäferjäveln hänger på igen.

– Du är uppskattad, har för en gång skull relevans!

– Vad knäpp han verkar fyrmästaren.

– Tycker du?

– Med råge.

– Det är tvärtom en kille med integritet.

– Jag förstår vad du menar med en överskjutande provianteringstur på mitt konto – vi har snart slut på osten, förutom ölet – men tidpunkten verkar mindre optimal om jag ska iväg till Lissabon. Bättre att jag har en *tilläggstripp* innestående istället, till senare i höst.

– Är det något du säger enbart för att du hoppas din beundrare ska ha glömt dig till dess?

– Jyckar glömmer väl varken smörj eller dofter i första taget? Var och en av oss lär dock lukta så personligt, och blodhundens 8000 gånger starkare näsa lär motsvara, översatt i areal, ytan av vår tändsticksask jämfört med sju fotbollsplaner, och hur mycket mer outplånligt då när det gäller ens egen mästare och förlossare!

– När det kom till kritan visade du dig ur stånd att ta befälet. Hur ska du då en vacker dag klara att bygga upp en lojal krets av läsare?

Ingen hade lust att gå och lägga sig, så de satte sig ute på terrassen vid den uppumpade, tända och finjusterade fotogenlampan. Jan hämtade den sista ölen och Camões medan Stefan tog fram sin lilla platta plåtask med cigariller. I avsaknad av pipa hade han tidigare öppnat var och en av dem, tryfferat tobaken med lämpliga småbitar av hasch och så svept nytt cigarettpapper runt. Även Jan tände genast en cigarett, egenhändigt rullad mellan en kraftigt gulnad tummes fingerblomma och det minst lika färgade pekfingrets högra insida.

– Fredsrörelsen som åter håller på att mullra sig massiv, som motståndet mot kärnvapen i slutet av 50- och början på 60-talet, inledde Stefan.

– Fast sanktionerad uppifrån. Tänk på Palmes ideliga munväder om en kärnvapenfri zon mitt i Europa. Han förstår väl helt enkelt inte att han på så vis går Sovjets och deras 50 000 stridsvagnar starka armés ärende när han ställer sig på samma sida som DDR:s officiella, men naturligtvis grundfalska narrposition.

– Det är inte det att man önskar sig en kontinent proppfull med kärnvapen, men nu finns de ju här, en gång uppfunna och till råga på allt dessvärre utplacerade på båda sidor om järnridån och därför paradoxalt nog krigsriskdämpande.

– Jag tror inte det går att begripa den där fredsrörelsen med mindre än att man accepterar ett av Freuds kanske radikalaste påfund, fast också det måhända mest träffande, det enda riktigt mitt i prick i så fall som kollegan någonsin diktade upp, nämligen dödsdriften.

Camões reste sig plötsligt på katters vis upp och ryckte till i framtassarna, skakade dem med påtaglig olust en i taget som om bägge mottagit en kraftig elektrisk stöt eller med ens blivit genomvåta. Slutligen lugnade han sig och lade sig till rätta i Jans knä med samma framtassars klor njutningsfullt inkörda i byxtyget.

– Du menar alltså att fredsrörelsen, alla dessa välnärda bortskämda efterkrigsyngel i väst, proppfulla med vitaminer och Hollywoodfloskler, i sista instans drömmer om sin egen undergång? frågade Stefan.

– Bristen på realism talar för det, nonchalansen, självhatet eller möjligen den ännu inte fullt ut klarlagda eller snarare genomventilerade och i synnerhet tillräckligt bearbetade *skulden* för det egna välståndet, på andras bekostnad, i kombination med farsornas gärningar eller rättare sagt illdåd, reella och imaginära om vart annat staplade till ett nytt babelstorn.

– Frågan är om »självhat« är rätta ordet. Det rör sig väl snarare om rätten att kritisera sig själv, att i en demokrati få den egna byken tvättad?

Ingen sade något på flera minuter. Camões öron låg tätt vikta bakåt mot kraniet under Jans smekningar. Det var fortfarande varmt ute, trots den sena timmen och högtrycket. Havets uppvärmda ytskikt hade börjat fungera som årstidens element.

– Farsornas svinaktigheter menar du, som man övertydligt motsätter sig och tycker att farsorna själva inte entydigt nog har distanserat sig från, utan mest suddat över?

– Fädernas gärningar, och deras fadersauktoriteter och i sin tur ytterligare patriarkskägg bakåt i tiden, när de var unga, yngre än man själv är idag till och med, kontra deras nutida likgiltighet och krav på komfort, påstod Jan.

– Gråzonen mellan vad farsorna berättat öppet om, antytt och förbehållslöst har förtigit eller inte klarat att benämna.

– Det är *det* som är Europa.

– Som du och jag inte minst som avkomma till estniska och italienska invandrare tillhör.

– Var det därför vi genast lärde känna varandra? Annars anar jag inte varför. Våndan kanske, den inledningsvis svårurskiljbara.

– I alla fall helhjärtat, utan att ens ha hunnit mer än skymta parallelliteten i början.

– Fast mina föräldrar inte kom från Estland, utan från Livland. Estland var bara själva den smala remsan utmed södra kusten av Finska Viken. Ett sådant Europa tillhör vi upp över öronen vare sig vi tycker om det eller inte – och hur skulle vi kunna det? – fullt ut, dyrkande nuet, till skillnad från alla dessa äppelskalstunna, historielösa och beskäftigt förenklande dunderpräktigt skitnödiga svenner som knappast tror eller inser att något väsentligt i grunden också skulle kunna drabba *deras* sandlåda till flanellografstat!

– Men det är väl inte enbart av godo heller att vara impregnerad av historia om den främst är lokal eller regional, varken genomreflekterad eller omsatt i något globalare.

– Det är nog lättare att vara barbar eller en vanlig meningslös svensk. Det är ingen slump att konsten uppe hos oss inte betyder ett skit.

– Det gör den svårligen någon annanstans heller, fast möjligen av andra skäl, menade Stefan.

– Själv har jag från haklappsstadiet matats med föreställningen att jag borde axla morfars mantel, helst slutföra de reformer han på sin höjd hann påbörja.

– Hur skulle det gå till?

– Som son – mina systrar räknades inte, fast äldre – blev jag tvångsinkallad till farsgubbens arbetsrum och måste från och med att jag nödtorftigt nådde upp till skrivbordsskivans kant lyssna på det panegyriska tugget om morfars själsadel och politiska bravader, för hundrade gången, och om hur man – *jag* alltså – absolut utgjorde det senaste skottet på samma illustra stam, med skyldighet att föra uppdraget, samhällsomvandlingen, arvet vidare, obevekligt, utan återvändo i hamn, att själv fullfölja det verk som den store statsmannen bara hunnit initiera, när farsan mässade på om en stat som inte längre ens fanns!

– Befängt!

– Först trodde jag på skiten – vad kunde jag annat som minsting? – var devot som valp, nådde upp till skrivbordsskivan med blicken och tids nog mer än så, visste likväl knappast att orientera mig bättre, sen kom ledan, så anlade jag en mask för att dölja mitt rätta jag, länge, fram till den öppna konfrontationen och det slutliga hånet. Morsan förde aldrig utvaldheten, blodet eller de enorma förväntningarna och brydsamma uppgifterna på tal, sina egna personliga insignia, fast hon stod närmast, eller just därför. Hon försökte aldrig värva mig som proselyt, varken för frihetskampen mot ockupationsmakten eller något annat, men så hade hon bråttom att kola av också.

– Hur gammal var du då?

– Morsan ilade in i dimman och farsgubben trodde han hade att överta bördan, Atlas på Hägerstensåsen, i alla fall verbalt, men insåg att han inte kunde ta tillbaka det förlorade hemlandet på riktigt, själv, såsom endast ingift, men att *jag* istället borde vara som klippt och skuren att åta mig hjälterollen, jag som påstods ha den höga förebildens panna, ögonbryn och till och med haka – inte för inte döpt till Jaan Hendrik – fast helst då inte enbart genom exeges.

– Som sagt ett dåligt skämt.

– Det som utgjorde stötestenen var bluddret om börd och blod. Man skulle inrangeras i rullorna, den prominenta släkten – det var ett benhårt krav – som om det rörde sig om något dynastiskt. Jag borde följaktligen vara en exponent för någon annan, sedan länge död och borta men likafullt evigt införlivad i ens lekamen, när jag själv, som vilken bängel som helst inget högre åstundade än att få utforma *mitt eget* öde med minimal yttre inblandning eller transfusion. Det storvulna, jakten på berömmelse och inte minst upprättelse, stod i vägen. Så mycket jag skulle pådyvlas, fast vi var uppryckta med rötterna allesammans. Som medlem av en flyktingfamilj kom det också en massa andra krav. Man skulle både passa in jävligt väl i det nya sammanhanget, eftersom man förväntades få ingenting gratis, som apart, samtidigt som man i egenskap av helkonserv nogsamt skulle hålla på sitt, alltså en kontradiktion.

– Det kunde kanske ha blivit annorlunda, men så är våra liv strax oåterkalleligt över. För omständigheten att vara på en och samma gång utkorad och gemen finns ingen återställare.

– Alternativen var att underkasta sig och acceptera eller att göra uppror och mödosamt försöka utforma en egen identitet, resignation kontra revoltens amorfa skalömsning till frihetskaos, valet mellan att efter överfarten i fiskeskutan i september 1944 med böjd rygg och uppgiven gång hanka sig fram hela det smärtsamma fantomlivet som statslös efterkrigsflykting, eller att lika inflammerat glömma och förneka, tunnas ut och blekna, som hade förlusten aldrig inträffat. Det är väl en värre variant av din polare i änglarnas stad ... vad han nu heter?

– Steve.

– Han var ju uppfostrad väldigt katolskt och gick på jesuitgymnasium och var påtänkt att bli soldat i Jesu sällskap, som jag minns din story, ända fram till dess tonårshormonerna detonerade och han istället valde Beach Boys, kroppssurfing och att skaffa sig en schysstare solbränna att imponera på brudarna med.

– Skillnaden är naturligtvis att du och jag ... Stefano Carlo och Jaan Hendrik–

– Första varvets grundläggande skillnader spelar faktiskt roll, särskilt som somliga män i det långa loppet tenderar att sluta utvecklas socialt nästan omedelbart.

– Skulle man smickra oss kunde man kanske likna den sortens, de introverta och ömtåliga i alla fall, vid så storståtligt på insidan sårbara djur som sköldpaddor och piggsvin. Folk väljer inte spyflugan eller loppan till totemdjur, även om vi långtifrån alltid är lika rörliga eller viga som dessa. Jag kunde lika gärna ha sagt den buken värnande igelkotten, eller snarare bönsyrsan och svart änkan.

– Men att käkas upp under parningen är en annan problematik.

– De olika tillstånden av gränslöshet påminner om varandra.

– När det gäller pansar kontra piggar, för något tredje kommer inte heller jag på, är det viktigaste nog påminnelsen att vi allt som oftast tilländalöper som enstöringar, intorkade i vårt eget futtiga månande om förlorad prestige och attraktions- eller dådkraft. I och för sig mindre underligt, givet den stenhårda dikotomi som dessförinnan präglat oss, att ratas eller väljas ut, att framstå som intetsägande eller rafflande, att få avslag, om ens det, eller att kunna ge sig till känna som sär, märk väl inte såsom belevad, utan naken, flådd, spottad på, felbedömd, underskattad. Mixen av förväntningar, misslyckanden och luftslott ...

– Har jag berättat om det där dubbelporträttet hemma hos farmor och farfar, när jag var 13?

– Nix.

– Det var i deras lägenhet i Rom, och siesta, fast jag hade ingen lust att gå och lägga mig. De vuxnas avtroppande till sovrummen gav mig en utmärkt chans att närmare bekanta mig med våningen. Augusti var rekordvarm. Ute i köket för att få tag på mer mineralvatten påträffade jag min egen bild där som pyre. Ett köttbullsansikte krönt av en tygmössa med vita brätten, men varför just jag? Övriga barnbarn lyste med sin frånvaro och barnkära var de definitivt inte heller. Jag gick tätt inpå fotot och upptäckte att de stuckit mig mellan glaset och ett porträtt i profil av Mussolini, en av de klassiska propagandabilderna, med ansiktena i exakt samma pose och storlek, han iförd stålhjälm, jag med ettåringens mjukaste tyghatt.

– Really?

– Men framställningen haltar, för de förblev benhårda fascister livet ut och försökte inte på minsta vis kamouflera idolbilder på Musse. Nej, det var väl mer att fjäska för att vi var där, ställa sig in hos min far, som de kom dåligt överens med, eller rättare sagt han med sina föräldrar, för vi var på besök så sällan som möjligt. Jag hette ju inte ens Sergio, vilket var tradition att den äldste sonen skulle döpas till, omväxlande Severino och Sergio. Då ställdes jag alltså inför det tvivelaktiga nöjet att som dubbel-projiserad framstå som en *duce in nuce!*

– Ingen postmodern palimpsest precis.

– Inte för att jag vill vara värst, men–

– Vad vet du om det?

– När jag så träffade farfar sista gången ... Det handlade nog inte om blod. Jo, naturligtvis, men andras, inte som i ditt fall primärt ens eget. Jo, kanske familjens eget också, i kontrast, att vara en länk i en kedja och anses böra föra brutalitetens fackla vidare. 1974 var det, på en Interrail-tur, året innan han dog. 74 och så dog gubbjäveln knall och fall 75, efter en promenad, vid 75 års ålder. Lätt att komma ihåg.

– Vad rörde det sig om?

– Mörkrets hjärta.

– Fast inte i Belgiska Kongo?

– Abessinien 37. Vi tog först en promenix, vi två, eftersom han behövde motionera. Överallt där vi passerade hittade han fel. Han varnade mig för att ha det minsta med »ipps« att göra. Antagligen menade han, begrep jag till slut, långhåriga i hans ögon normlösa hippies. Som om de utgjorde ett hot. Allt samtida var piss, men det allra allra värsta var tydligen – han gjorde en föraktfull gest omkring sig, uppenbarligen inkluderande det mesta – att när han nu spankulerade omkring där i sin gubbålders 70-talskvarter, i sin egen umbriska födelsestad, ja, då var folk *inte längre rädda* för honom, så långt hade det gått! När vi kom tillbaka till lägenheten kunde jag inte undgå att lägga märke till puffrorna. Vardagsrummet var proppat med puffror, runt 20 stycken. Han såg att jag såg och förevisade dem ivrigt. De var skarpladdade. Särskilt en blåsvart, kortpipig, grovkalibrig sak över öppna spisen placerad var han mäkta stolt över. Med den, visade det sig, hade han egenhändigt knäppt, som han uttryckte det när han lämnade över pistolen till mig och höll våra handflator hårt slutna tillsammans om vapnet, som för att besegla en pakt, underteckna ett framtidsscenario, runt 20 stycken »apor«, den siffran, »apor« som efter ett attentat mot vicekungen i Addis vägrat att hälsa fascistiskt och som därför betraktades som legitima mål, åtminstone av sådana som min farfar.

– Vilket ord använde han?

– Vad spelar det för roll? Jag-

– Som om vilka ord vi använder vore oväsentligt!

– Jag var helt oförberedd och visste inte vad jag skulle svara. Det här hände för nio år sen, att han med vapnet mellan våra svettiga händer berättade alltså. Själva skotten lossades-

– Det finns säkert fler ord på italienska för apa.

– Vi talade franska, som jag hade läst som hastigast i skolan, så dålig
var jag i jämförelse i italienska.

– Varför?

– Min far flyttade till Sverige för att bli av med familjen, svor till och
med på att aldrig återvända ens som resenär. Ergo var han inte intres-
serad av att tala sitt eget språk hemma, ville förvandla sin avkomma till
»svenskar«, för att – som harangen löd – undvika dubbla lojaliteter, hellre
döma sig själv till extraordinär ensamhet, ett överårigt fastfruset kart.
Varannan gång han skämtade måste han förklara att det rörde sig om
ett skämt.

– Din farfar snackade franska?

– Han hade varit affärsman hela Nordafrika runt. Fast vilket ord han
använde? Det står still just nu.

– Är det inte du som är författare?

– Han sa något i stil med J'ai tué vingt … avec ce revolver ci. J'ai …

– Singes?

– Ja, vingt singes kanske det var. Singes eller sagouin eller babouin.
Minns inte vilket, men …

– Inte som att läsa om Narkissos eller Dorian Grey.

– Det är väl som skönhetsmissen.

– Har jag missat.

– När jag besökte samme Steve du nämnde för tre år sen. Jag bodde
hos honom i en villa vars garage byggts om till hans etta. Då, direkt efter
min ankomst, bjöd hyresvärdinnan in oss till poolkanten på bubbel. Hon
skulle säkert kolla vad jag var för en som bodde hos Steve och därmed i
grund och botten även hystes av henne. Hildegard hade varit miss Tysk-
land samma år, 1937. Rakt av sa kärringen att inga fula människor borde
tillåtas få barn, att myndigheterna måste stoppa varje ful människa från
att någonsin sätta barn till världen.

– Du och jag behöver inga förbud för att förhindra den saken. Det är
tvärtom det frånstötande eller anonyma som insisterar på en framtid.
Det skira och udda stakar ut en egen kurs, men är överkänsligt därefter
och dukar rappt under.

Jan fortsatte springa. Det gick snabbare. Det var som att resa sig upp och därmed få stopp på den envisa osynliga yrseln, på en högst ofrivillig rotation involverande lillhjärnan eller endera delen av pannloben, med konsekvenser för hur han inte endast kunde föra än det ena benet, än det andra eller till och med vilken kroppsdel som helst som befann sig mellan sanden och månen, stengolven och himlen, skosulorna och kalufsen, betongplattorna och rökhanden, och därtill romanen under arbete vidare mot fullbordan.

Han drömde – mitt i steget – om att få börja från början, slippa att komma in när det utslagsgivande redan ansågs ha hänt och det blivit för sent att förvalta det digraste av arv. Han satte trumpinnebenen mot sanden. De förvandlades åter till ömsom rastlösa pistonger och glatta sömntabletter, stadigt snabbare virvelrörelser för att tids nog få somna. Lyckades han bara döva sig efter att måsarna äntligen lyfte! Att springa en måsflock framför sig betydde att slippa Stockholms innerstads somriga ölmagar, hängbröst, carcinogent rodnande med en underbar anstrykning av maligna melanom i varje tillstymmelse till parkstump eller invaderad gräsmatteplätt. Och så Estebans hydrofobi. Jan kutade för glatta livet, fast det knappast dög att under den sjunkande solen rusa på i ett eldsken som kastade "a shadow crab upon the land by the sea's side hearing the noise of the birds« interfemoralt "women don't do that for love I don't even believe that most men do«. Han sprang för hungerns och feberns skull, för att fortsätta viktlös i ultrarapid med en huva av silver distansen hela vakan från noll fram mot djupaste noll.

Under tiden, uppe på kuddarna, tänkte Stefan att han inte kunde uppbåda någon som helst spontan lust att skapa liv, men inte heller strävade efter att spilla just liv. Att vrida sig som en mask på kroken var vad han gjorde, för att inte tala om Jan. När modern svärtade sitt bröst var det för att väcka avsky eller berättigad rädsla för födan, värmen och intimiteten. Då höggs amningen av. Det faktum att Caligulas amma beströk sina bröstvårtor med blod måste beaktas. Varför rimmade pattar på rattar? Bombernas fall ned på arket framför handen sände seismiska chockvågor ut över hela Algarve. Modern strök något illaluktande eller senapsstarkt på bröstvårtan för att avnavla barnet i tid. Det tog visst annars aldrig riktigt slut. Människan fick i alla fall sällan rensat i systemet av lekamliga tankar och förbindelser. Framför honom igår natt Roxana omkullvält. Hennes insmorda skinkor bad böner ända från Kreta. Själv besudlade han tystnaden. Det var inget överhövan ståtligt att hurra för. Han kunde inte släppa tanken på den skarv kring vilken så mycket kommit att kretsa.

Det var dags för Stefan att ta sig från Olhãos hamn upp till järnvägsstationen, för vidare resa mot Lissabon. Han bar en halvstor mörkblå axelremsväska i sladdrig nylon, med pappförstärkt botten, tom sånär som på en necessär, resejackan, kalsonger och Mallarmés dikter i en av de många utgåvor han fört med sig till Portugal.

Tåget var samma korta skraltiga rälsbuss som de kom hit med från spanska gränsen. Han åkte längsmed kusten till Faro, rakt västerut, men vek därefter av inåt landet, fortfarande parallellt med kusten, men utan ögonkontakt, utmed träsk och idel ödemark – inte en enda trädgårdsodling eller äng med betande djur fick han syn på – via en serie mjölkpallsliknande lokalstationer fram till hålan Tunes, som var järnvägsknut, och så rätt norrut ända till huvudstaden. Enligt kartan rörde det sig inte om mer än 20 mil, men färden tog likväl sina modiga tio timmar.

Väl framme i förstaden Barreiro korsade han med färja Tejos utflöde i Atlanten och fraktades över till det egentliga Lissabons fallfärdiga centrum och beställde ett enkelrum på första bästa pensionat i Baixas hamnkvarter.

Så snart han stängt dörren, dragit av skorna och tagit plats i halvsittande på sängen plockade han fram den tunna plåtasken, öppnade den, slickade omständligt på en cigarill och tände dess minst tillslutna ände. Blågrå rök virvlade i skymningsljuset från fönstret. Så hade han då också satt sin fot i Lissabon. Han var omgiven av det som skulle föreställa ett riktigt Lissabons glädjeämnen och bekymmer. Han hade just nere i receptionen ringt hem till Ana Cristina, som var den som svarade, och meddelat att han var framme. De skulle träffas imorgon klockan tolv. Den aromatiska röken cirklade runt i luften på ett sätt han inte erinrade sig ha sett maken till förr, som om varje rökplym först måste krökas inåt och bita sig själv i svansen, krökas och åter krökas inåt tills den långsamt förtunnades under ytterligare ständigt meandrande och så skingrades helt, bara för att omgående avlösas av nya ur hans eget inre utandade, makligt rullande, hullingförsedda motsvarigheter, en serie kimröksignaler till glömskan och minnet, till lungblåsorna och hjärnans belöningssystem, inkrökt rullande på, stadigt längre mot utspädning och osynlighet till dess inte en enda påvisbar molekyl per kubikmeter kunde återstå i atmosfären.

Jan tillbringade förmiddagen med Gomes och Rui. De möttes strax väster om restauranten, nere vid vattnet, inte långt från brödernas gemensamma bostad, det vill säga huset var storebror Gomes', men eftersom lillebrodern fortfarande inte hade något eget, och hans påbörjade hus var raserat, så torde de väl fortsätta att bo där tillsammans ännu ett bra tag.

Alla tre klev ombord i den stadiga träbåten, med hög för, på typiskt Algarvemanér målad i kraftiga färger, av vilken ultramarin var den mest dominerande, utvändigt försedd med stjärnor, kors och »ögon« därutöver. Jan undrade om det rörde sig om rena rama dekorationerna eller om tecknen också ansågs beskyddande – han hade hört att fiskare kunde vara nog så upptagna av skrock – men avstod till sist från att försöka ställa frågan, givet att han alltjämt var aningen osäker på hur undringen borde formuleras på portugisiska.

De skulle ta upp ett nät som Gomes med släckta lanternor lagt ut vid midnatt – nattetid letade sig nämligen sardinen in mot land, för att retirera så snart det blev ljust – och om de hade lust lägga ut en långrev. Bröderna kom antagligen tids nog att visa hur man gjorde och Jan i så fall att imitera. De uttalade orden, även bröderna emellan, var få.

Havet visade sig vänligt stämt idag, en tenngrå platta för solens reflexer, så Jan tyckte inte det var obehagligt att vistas ett par timmar i en mindre träbåt, särskilt inte som han hade på sig solglasögon, också om han inte som bröderna reste sig och gick omkring upprätt.

De vittjade garnet, kastade tillbaka vissa fiskar och slängde resten på durken. Fångsten kom mer än väl att räcka till några grillmiddagar och sannolikt ett par soppor dessutom, men knappast heller till mer. Jan kände igen ansjovis, makrill, kummel, sardin, guldbraxen och sjötunga, men vattnen var så artrika att nästan hälften av fiskarna förblev okända, åtminstone till namnet.

Han mindes Ennanis kommentar att det enda lokala fiskare som tagit hyra på trålarna som letade sig ned längsmed de alltjämt fiskrika vattnen utanför Mauretaniens kust brukade framhålla som positivt med veckorna av hårt och osäkert slit till havs utgjordes av de underbara fisksoppor som det var kockens främsta uppgift att permanent i stadigaste grytan låta sjuda och i takt med manskapets hunger fylla på med utvalda ingredienser ur den senaste fångsten.

De möttes i receptionen på avtalad tid. Ana Cristina kom från universitetet och berättade det senaste från sin utbildning, samtidigt som hon med högra handen presenterade det pombalinska Lissabon, beläget mellan höjderna Alfama i öst och Bairro Alto i väst. Hon var ännu mer uppklädd än ute på Farol, därtill försedd med tunga ringar, arm- och halsband, och undrade, utan att säga ett ord om saken, varför inte även Stefan på motsvarande sätt, mitt inne i huvudstaden och på besök, hade ifört sig något lämpligare än ett par illa medfarna jeans, den allra enklaste trådslitna skjorta med uppkavlade ärmar och samma par iögonenfallande elektriskt blå plastsandaler som hon bara kände alltför väl igen från Farol.

De satte sig på ett tydligen berömt café i art nouveaustil. Hon beställde citronte och han vitt vin. Människorna här var stiliga, uppsluppna på ett världsvant nedtonat vis och enligt Ana Cristina dessutom kulturellt intresserade.

Hon frågade vilka planer han hade för dagen. Själv måste hon strax gå tillbaka till en föreläsning. Stefan svarade att han inte förfogade över några planer. Han nöjde sig antagligen med att promenera och titta på Lissabonborna, deras hårt slitna byggnader och tids nog med att äta middag.

Åt var vad han sju timmar senare gjorde, i samma kvarter som han bodde i, alldeles nere vid vattnet, efter att ha cirklat omkring i Baixas kvadratur, resultatet av Europas kanske första moderna stadsplanering, direkt efter och som en följd av den beryktade jordbävningen. Han konstaterade hur många lotteriförsäljarna och skoputsarna var, och de afrikanska, antagligen illegala, invandrarna. Åtskilliga tvingades bo på gatan och fick försöka livnära sig på droghandel. Inför öppen ridå, på trottoarerna, erbjöds vem som helst att köpa av haschkakor i limpformat. Från en parkbänk något längre västerut tittade han på de väldiga båtar – mest oljetankers, men också ett och annat kryssningsfartyg – som gled förbi så nära bebyggelsen, precis som i San Fransisco, Istanbul och Singapore, i detta fall som intensivast just där Tejo förenade sig med Atlanten.

Slutligen gick han med kurrande mage in i ett kakelklätt hus och satte sig vid ett bord täckt av en vit välpressad linneduk. Flertalet restaurantgäster hade inte anlänt än och de som redan tagit plats var utan undantag åtskilligt äldre. Med en tanke riktad åt Farol inledde han med snäckor kokta i vin, var och en försedd med ett kakaobrunt på äggskalsvit botten unikt sicksackmönster till skrift på översidan och en liten mör hudfärgad molluskkropp att spetsa med gaffeln inuti, fick så in en perfekt grillad havsabborre, sidorna på fisken lätt snittade, citronsaftsöversprutade och fyllda med vitlök, persilja och peppar, en assiett okända hårdostar, antagligen från såväl ko, får som get, och ett glas tinto, för att till sist testa husets bästa brandy. Han hade nämligen fått syn på en äldre herre vid bordet bredvid som högtidligt intagit en sådan. Servitören kom fram och visade den ålderstigna flaskan, hällde upp, fattade tag i kupan och snurrade den i flera minuter över en spöklik violblå eldslåga på ett sidobord till dess både kupan och det 60-åriga innehållet värmts upp. Glaset, generöst tilltaget, kostade i Stefans ögon löjliga elva svenska kronor.

Tidigt nästa morgon, utan att ens bry sig om någon frukost, checkade han ut från pensionatet och tog första bästa tåg tillbaka till Algarve.

Jan passade för sin del på att besöka Ennani, annars torde det väl aldrig bli av. Han närmade sig det drygt meterhöga kycklingnätförsedda stängsel innanför vilket han såg den lille sonen sitta och dregla i en sandlåda. När barnet fick syn på Jan tog det upp sin plastspade och lyckades i upphetsningen över besöket till sin egen förvåning att slå sig själv i skallen, allt medan ett långhårigt svart vidunder rusade fram ur hundkojan, ställde sig på bakbenen och med huvudet ovanför stängslets kant rasande visade upp ett imponerande vasst tandgarnityr, samtidigt som det morrade kraftigt ända till dess Ennani själv kom ut iförd sina eviga sidenshorts med revärer och den tomatröda något urblekta tröjan, beordrade vakthunden tillbaka till sitt trånga viste – något den bara tycktes göra ytterst motvilligt och utan att ett uns slå av på det gutturala oväsendet – sträckte ut handen till ett välkommen, öppnade grinden och förklarade att besten hette Bobby:

– Han är en engelsk konstapel!

– Hur många hundar har du egentligen?

– Tre. Eller med fars fyra.

Medan de gick in genom det vitkalkade envåningshusets myggnätsförsedda dörr försökte Ennani sig på att härma en läspande engelsk lords lika komiska som fisförnäma diktion, men eftersom han fullständigt saknade de elementäraste insikter i det engelska språket skulle Jan lika gärna, utan att veta att det rörde sig om en imitation av Shakespeares idiom, ha tippat att det måste handla om koreanska, zulu eller rent av någon från norra Baffinön idag starkt utrotningshotad inuitisk dialekt.

Väl inne i vardagsrummet bad Ennani Jan att se sig om i huset. Frun var förresten utflugen, på besök hos sin mamma inne i Olhão, så Ennani agerade barnvakt. Sovrummets innertak hade brädfodrats, något Ennani var uppenbart stolt över – det hade minsann kostat en rejäl summa att få alla äkta furuplankor på plats – men i Jans ögon representerade samma tak föga mer än det värsta hafsverk i inredningsväg han någonsin nödgats bevittna. Snickaren hade inte ens klarat att få bräderna parallella eller inbördes så tätt inpå varandra att inte vida missprydande hål här och där föll betraktaren i ögonen. Att trä på Algarve föreföll lika exklusivt som byggmaterial som det var vanligt och förhållandevis billigt i Sverige var väl vad som närmast föranledde Ennani att stoltsera med fuskverket, trodde Jan.

På nattduksbordet tronade en iögonenfallande munkstaty, iförd tonsur och fotsid brun kappa med rep om den generöst tilltagna buken. Ennani såg att den halvmeterhöga statyn drog gästens blickar till sig, tryckte därför på en knapp på munkens baksida, med den påföljden att munken genast lyfte upp kappan och till Ennanis högljudda skrattsalvor blottade inte bara sandaler utan främst en enorm illröd ståkuk.

De gick tillbaka till vardagsrummet. Ennani bad Jan sätta sig medan han själv gick efter öl. De hade inte mer än hunnit börja på ölen förrän kocken kom förbi, för första gången som Jan sett inte iförd köksmunderingen, utan närmare bestämt vit kortärmad nystruken skjorta löst hängande över svarta byxor med pressveck, spetsiga uppåtriktade läderskor med påfallande hög klack, guldkors runt den uppknäppta halsen, tjock guldlänk om högra handleden och guldklocka på den vänstra, ett otal stenförsedda gnistrande guldringar och en handflatestor svart accessoar med blixtlås i en tvinnad nylonrem runt ena handen, som om han stod i beredskap att just kasta sig ut på en shoppingtur i någon världstads galleria.

De skakade hand och Ennani hämtade mer öl. Ett moln av blommig eau-de-cologne stod runt Joaquim. De sade inget förrän Ennani var tillbaka, med förutom tre flaskor öl också aguardente de figo och ett slags plommonbrandy vid namn licor de ameixa. Ennani hällde upp medan Joaquim berättade något som åtminstone han själv hade påfallande roligt åt och som yttrade sig i en serie utdragna åmande åtbörder. Handlade det åter om en imitation? De ord som Jan säkert kände igen var Olhão, senhora, casa, dinheiro och satisfeito.

Efter ett tag – de skulle nu även prova honungsbrandy – förklarade Ennani att kocken »alltid är så här sexig«, något Jan först trodde betydde att Joaquim var bög, därefter tolkade som motsatsen, att så snart greppet om stekpannans handtag släpptes måste Joaquim antagligen demonstrera sitt aldrig sinande intresse för det motsatta könet.

När Stefan väl återvänt, till Jans utomordentliga förvåning så rasande snabbt att han knappast kunde ha hunnit stort mer än kommit fram till

Lissabons Centralstation förrän det blivit dags att omedelbart ila tillbaka, ungefär som en tävlingssimmare var femtionde meter vidrör kaklet med handen, men per definition undviker att dröja kvar vid samma ändpunkt på bassängen förrän han kommit i mål och tidtagningen definitivt avstannat. Nu var han alltså tillbaka vid utgångspunkten och stafetten fortsatte med att det plötsligt blivit Jans tur att bege sig till huvudstaden.

Iklädd sin välanvända jeansjacka färdades han med en kompakt lättmetallväska längs samma tågrutt och bodde på ett snarlikt pensionat, men där upphörde likheten. Jan tillbringade dagarna med att åka spårvagn, särskilt – efter att närmare ha studerat systemet på diverse kartor och anslag – linje nummer 28 mellan Largo Martim Moniz och Prazeres, kyrkogården vars namn betydde glädje, långsamt på kors och tvärs i antika enkelkarosspårvagnar, för det fanns inga andra än gott insuttna pyttesmå förhållandevis höga lådor till rälsekipage som nätt och jämnt klarade att skramlande skaka sig uppför de osannolika jordbävningsbackarna och därvidlag strök så tätt inpå fasaderna att det gällde att inte i onödan sticka ut huvudet. I de allra brantaste fick hissar och bergbanor ombesörja transporten. Spårvagnarna var smalspåriga, brittisktillverkade, från drottning Victorias era, hade öppningsbara fönster, vaxrullgardiner, armstöd i ek, var försedda med rejäla kofångare och yttre plattformar för folk att slänga sig upp på i farten. Föraren stod på post längst fram med sitt vevreglage, konduktören gick omkring där bak med läderväska, biljetter i skiftande färger och en hålklippande sax inte så olik den Jan själv med stolthet ägt som sexåring. Vagnen passerade kloster, slumkvarter, palats och fängelser, verkstäder, lager, hyreskaserner och självfallet barer. 28:ans evighetsslinga tog honom från centrum rakt österut och tillbaka mot centrum och bortöver mot väst, fram och tillbaka igen och igen, utan avbrott för annat än ett glas *vinho do porto branco seco* mellan varven, oregelbundet, direkt längsmed linjen, i någon vinkällare mitt på sträckan. Från spårvagnarnas hårda träsäten och fönsterplatser hade han en strålande utsikt.

Men först åkte han upp i Elevador de Santa Jústas jättejugendbrodd och skaffade sig från det platta spikhuvudet en överblick över den skäligen bedagade skönhet som utgjorde centrala Lissabon. Han kom ofrånkomligen att tänka på det förhatliga Stockholm. Det var förmodligen i bägge fallen vattnet, hur det från flera håll skar in mellan stadsdelarna och reflekterade byggnaderna i sina respektive vattenspeglar, fast ljuset på grund av skillnaderna i breddgrad och också vad gällde vattendragens olika salthalt och omfång var så annorlunda här, liksom än mer det faktum att han var främling i Lissabon, men inte en fisk kvalificerat på torra land, som i sin egen stad, utan bara i en banalare bemärkelse saknade varje tillstymmelse till fotfäste vad mentalitet och geografisk orientering anbelangade. Här var han gudskelov kapitalt utskuren ur alla sociala sammanhang, stålblank som Tejos våglösa väta där nedanför hissens panoramafönster, underbart befriad från att stadens ansikte redan skulle förknippas med och solkas av egna grusade förhoppningar och anfäktelser. Nu uppfattade han sig som lika stum som Tejos glittrande yta där österut, en överensstämmelse han måste bejaka å det kraftigaste, då känslorna visavi hans egen stad var lika heta, vassa som kategoriska, så snart ämnet kom på tal, för det fanns ingen annan plats han vuxit upp på, inga andra stadsbor än stockholmare – ännu – som han hunnit i detalj skåda i vitögat och därvidlag kommit att reta sig så på vad angick flockmentalitet, vanetänkande, provinsialism, stupiditet och inte minst urbota förutsägbar ängslighet.

På kvällarna höll han exklusivt till i den Övre staden, Bairro Altos trånga 1600-talskvarter, där han i kullerstensbelagda gränder pendlade mellan av graffiti nedklottrade husfasader som var och en hyste ett stort antal nattöppna barer och fadorestauranter. De ljusbruna kullerstenarna var så små och blankpolerade att de mer påminde om mosaik än något stadigt att ta sig fram på och hala var de dessutom även regn förutan.

Hitintills hade han enbart hört fado från kassettband på krogarna i Olhão, men nu gick det inte en kväll utan att han impregnerade sig fullständigt med den ena eller andra fadistans melankoliska uttryck för *saudade* – det oöversättliga ordet för ungefär längtan efter det förlorade – som sångaren ackompanjerad av en tolvsträngad gitarr gav akustisk gestalt.

Han började förstå allt mer portugisiska och kunde fläckvis dechiffrera vad övriga fadoentusiaster sade tämligen väl, precis som han insöp fler och fler repliker på teve. Tre gånger blev han tilltalad på engelska och svarade på samma språk, i samtliga fall utan att avslöja att han inte var mer engelsman än de individer som mellan sångnumren och applåderna med kraftig brytning drog in honom i kortare samtal. Han varken ertappades eller misstänktes såsom själv varande en icke-engelsk person som råkade behärska ett språk som han enbart tillägnat sig på skolbänken, efter att i tur och ordning ha lärt sig tala omväxlande tyska och estniska, hemma, så i lekskolan svenska, men idag icke desto mindre mästrade så mycket bättre än de flesta infödda engelsmän.

Stefan satt hemma och skrev, eller om inte annat ansträngde sig, krampaktigt, utan växlingar mellan arbete och vila, uppmärksamhet och distraktion, fast något mikroskopiskt fick han åtminstone översatt, därjämte, i alla fall, närmare bestämt en tvetydig rad ur Mallarmés tidiga prosadikt Igitur, eller la Folie d'Elbehnon, som den också hette.

Han läste uteslutande författare som var höglitterära, ju svårare desto bättre, och Mallarmés mogna dikter kunde han näppeligen säga sig begripa särskilt väl ens efter ingående studium. Vad som främst verkade löftesrikt med Mallarmé var dels hans dunkla fokus på själva intigheten, dels hållningen att ha drivit sin estetiska strävan ut i dess yttersta konsekvenser, i detta fall till randen av tystnad, så att resultatet inte skulle vara omedelbart tillgängligt för vem som helst. Här fanns praktiskt taget ingen att skriva för eller något att skriva med. En sådan krävande ordkonst beundrade han och skulle vilja uppnå motsvarigheten till för egen del och bjöd därför till så noga det gick att följa Mallarmé i fjäten i kärleken till och jakten på detta abstrusa ingenting, bokstavligen, Mallarmés ständiga kretsande kring frånvaron, det som inte förelåg mer eller aldrig kom att bestå, sökandet efter ett absolut mörker till icke-vara bortom sinnevärldens burdusa, bräkande, störande och enfaldiga manifestationer, som gavs det där ändå något i själva tomheten, i åderlåtandet av mening, ett framdestruerat intet som vore att föredra och attraheras av hela jordelivet ut, en bortrensande aktivitet som skulle räcka mer än nog och resultera i en iskallt negativ text, renons på mesta tänkbara telluriska barlast, en dikt vid icke-existensens utmarker, själv bortfallande, kräset frigjord från författarens egna, med nödvändighet en smula torftiga eller om inte annat begränsade eller begränsande erfarenheter av samvaro nere på jordskorpan bland de småsinta töntarna till artfränder.

Stefan anade inte hur han skulle bete sig för att få utfört det han vill skriva, men hoppades att det kanske mest var att fortsätta rätt fram, så kom han måhända på en riktning med tiden. Skapandet var likafullt en undanflykt från allt annat och som sådant en stark drog, ett besittningstagande av en vit fläck på kartan, stadigt vitare och mera glödgad, desinfektionsren eller uppskrapat nedjordad intensifiering.

Han kunde välja mellan att sitta i vardagsrummet, på husets baksida i den minimala stendöda trädgården eller på framsidans veranda, men tyckte att det i vaket tillstånd räckte att genom dygnet alternera mellan vardagsrummets med kuddar staplade betongsoffa och verandans ranka fällstol. Han hittade fram och tillbaka på sandstigen till restauranten också, vid middagstid, och klarade att förse sig både av fisken, fläsket och det framsatta vinet, gick såväl på toaletten, torkade sig där bak som tvättade sig på morgonkvisten. Till och med borstade tänderna gjorde han, matade kattungen, sov, kliade sig i håret och nös vid ett tillfälle fem gånger i följd: det var vad han fick till av förflyttningar och initiativ.

Han hade mottagit brev från en upprörd och oroad Ana Cristina, som förvisso besökte hans pensionat – för att glatt överraska honom med att ha tagit ledigt från undervisningen och familjen för att kunna ägna sig åt honom – strax efter det att han redan lämnat staden utan att varsla om sitt abrupta uppbrott. Hon stod där som ett fån i receptionen med beskedet att han just avrest, utan att lämna minsta meddelande efter sig!

Brevet innehöll även ett porträttfoto. Hon skrev att han måste lova henne att aldrig mer springa bort igen, att han visserligen var vuxen, men ett barn som uppenbarligen var långt ledsnare och mer obalanserat än hon någonsin haft anledning att föreställa sig att en 28-åring kunnat vara. Att säga att hon i sin tur var besviken vore att ta till i underkant; hon var först rasande. Han borde trots allt våga träffa henne öga mot öga och

säga henne rätt fram vad han tyckte, istället för att försvinna, särskilt som
»vi bara är människor och inte perfekta konstverk eller gudar«.

Han lade det sex tättskrivna sidor långa – exklusive bifogade dikter och
fotot – brevkuvertet åt sidan och tänkte att han nu åtminstone sluppit ut-
tala en massa tjatiga fraser, samtidigt som hans agerande ofrånkomligen
skulle komma att utlösa ett drev av brev, en veritabel flodvåg av ömma
överskick från Ana Cristina, en som på så vis, via skriften, själva formule-
ringsarbetets distanserande effekt, antagligen riskerade att lära henne mer
om livet än aldrig så många av hans egna oralt levererade förklaringar,
löften, krav, hot, fördömanden, ynnestbevis, återföreningsgester eller ut-
tryck för omedvetna förhoppningar om fysiskt överförda och mottagna
ömhetsbetygelser.

Brevfloden kom för den skull knappast att resultera i litteratur; det
vore extremt osannolikt, men att fästa bokstäver på ett papper måste väl
rimligen icke desto mindre anses vara det mest typiskt mänskliga man – i
alla fall *han* – överhuvudtaget kunde tänka sig?

När Jan så var tillbaka från sin Lissabontur blev det endast en gång av
att de pratades vid om vad han hade upplevt. Jan sade sig ha besökt de
barer på vilka ingen mindre än Fernando Pessoa efter kontorsslitet och
affärsbreven hade för vana att marinera sin utomordentliga hjärna med
skadliga mängder alkohol.

– Berätta hur de såg ut!

– Enkla plåtdiskar, gärna i zink, ovanpå, i mörkt trä för övrigt, oftast
med sågspån, slängda sockerpåsar, brödsmulor, nötsskal och fimpar på
golvet, någon spegel och mässingsstång att vila fötterna på. Det mest
slående var tvivels utan att man hade bilder av författaren uppsatta på var-
endaste sylta han någonsin frekventerat. Då talar vi ändå om en komplett
missförstådd och opragmatisk och självvalt isolerad stollig hyperexcent-
risk modernist! På ett ställe täckte fotot av hans lika gåtfulla, oklanderligt
välklädda kropp och städade ansikte faktiskt hela väggen!

– De tycks bry sig om sina klassiker här. Du såg väl att det inte gick att
ta många steg i Lissabon utan att stöta på statyer av Camões?

– Barocka marmor- och granitblaffor med gott om plats för duvflockar att landa på.

– Och hur har *du* haft det? Jag menar utöver besök på heteronymernas distraktionslokaler och att du noterat de massiva plattformarna för uppfångande av duvskit.

– After a few hassels, calm.

– Ja?

– Som sagt.

– Och vad hade du med mer tid eller pengar till ditt förfogande helst fördjupat dig i?

– Amália Rodriques.

– Vill säga?

– En gång apelsinförsäljerska i hamnen, idag portugisernas stolthet, *nossa Senhora do Fado.*

– Ja?

– Men det gick inte alls. Omöjligt få tag på biljetter om Amália varit i stan, men nu turnerade hon istället i Japan. Så hade jag gärna sett tjurfäktning.

– Tjurfäktar man i Portugal?

– *Om* det görs, fast säsongen hade precis tagit slut, så jag missade tjurfäktningen också, med en hårsmån, *tourada* som de kallar det. Enda skillnaden är att man här inte dödar tjuren, efter ett förbud av markis de Pombal 1799.

– Tjurfäktning döden förutan?

– Man förödmjukar tjuren, utöver tröttar ut och plågar den med stick i nacken, slår till och med saltomortaler över dess rygg som forntidens minoer.

– Men om man nu inte dödar tjuren, vad är poängen?

– Tror man kan säga en uppvisning i mod och elegans. Och du själv?

– Jag har haft det ganska – håll i dig nu – *lugnt,* trots att jag uppehållit mig på självaste Farol och gång efter annan stigit ner i mitt manuskript.

– Spårvagnarna var antediluvianska. *Spårvagnarna* har min fulla sympati, för att inte säga kärlek, som allt som går på skenor utan att vara mänskligt, som är *skapat* för att rulla och fortsätta rulla.

– Lissabon är en tidskapsel, en som trots nejliksrevolutionen tycks ha stannat kvar runt årtalet 1960, påstod Stefan.

– Varför tror du i så fall att var tredje portugis lever utomlands?

– Salazar lyckades få tiden att stå still, till och med ännu mer än Franco-svinet på andra sidan gränsen, ja, från 1932 till 1968, eller om du så vill ända fram till revolutionen 74.

– Salazar är egentligen värd ett studium; en bokhållardiktator som bokstavligen inte hade andra ambitioner än att vidmakthålla ett absolut status quo, menade Jan.

– Som Franco var han fotbollsintresserad. Att Portugal alltjämt eller på nytt är osedvanligt rasistiskt har vi märkt, men när Eusébio kom till Portugal från Moçambique möttes han på flygplatsen av ingen mindre än Salazar, som meddelade att Den Svarta Pärlan inte skulle spela för Sporting Lisboa, som han var köpt av, utan för Salazars eget Benfica.

– Även Franco överförde de bästa Barçaspelarna till sitt lag, med den stora skillnaden att Real Madrid var och är eliternas och aristokratins klubb, medan Benfica var folkligt i sin framtoning.

– Spanjorerna har inte ens börjat göra upp om inbördeskriget, medan Portugal inte haft något sådant. Det är väl därför som Salazar fortfarande omtalas så relativt positivt här, kanske också för att utbildningsnivån är om möjligt ännu lägre, gissade Stefan.

– Mod och elegans eller inte, men de förblir helt klart fattigare. Portugi-serna var inte bara partiellt isolerade från resten av Europa, utan nästan helt avskurna från kontakter. Fotbollen och kneget var vad de hade. Nu kan man stoltsera med arbetslöshet och budgetunderskott som alla andra, och jour-nalisterna upplyser om saken dessutom och hur det förhåller sig på annat håll. På Salazars tid var det de tre f:en som gällde: fotboll, fado och Fátima.

– Vem var den där Fátima?

– Det är en internationell pilgrimsort. Ett mirakel ägde rum på platsen 1917. Tre barn som vaktade getter fick syn på och hörde Jungfru Maria, minst sagt exploaterat och viktigt för regimens stränga variant av kato-licism. Tre sorters opium för folket, men så kallas diktatorn av många dagen idag för tidernas störste portugis.

– Säger väl det mesta om bristen på format. Besöket i Lissabon var verkligen en tidsresa, på ett annat sätt än att hålla sig på plats här ute i sanden, under en enorm himmel vid havets bränningar, fyrljusets rotation och pennans dans över pappret.

– Lusitanien är beläget hinsides Hesperiderna, ett slags Atlantis, hävdade Jan.

– En avkrok av världen som ingen tar notis om, helt klart, ett förlorat imperium, en barskrapad kolonialmakt, en militär på dekis, men är det tålamod eller resignation som präglar bilden av osäkert och långsamt uppvaknande?

– Fatalismen. Vemodet.

– Och taffligheten.

– Misströstan, handlingsförlamning, slummer, fortsatt intag av sömnpiller.

– Och om du skulle försöka sammanfatta din egen belägenhet, så här långt i höst; vad svarar du då?

–I stiltjen mellan två sammanbrott vidgas springan på nytt. En sorts galnare allergi som yttrar sig i att man aldrig tycker sig göra vad man egentligen vill, utom att åter befinna sig på fel plats och i orätt sällskap, även bland sina närmaste. Nej, *särskilt* där. Och tiden går. I språnget until almost sundown of a long still hot weary dead October afternoon. Balansen som tveklöst saknas. I ständig språngmarsch mellan måsarnas glidflykt och gapet av bestörtning eller förvåning som jag nu snuddar vid. En utopisk vändpunkt, kav lugn, mellan attacker av sömnlöshet. Threatening the world with high astounding terms. Jyckarnas enerverande vokala tuppfäktning och sophämtningsbilens hänsynslösaste tomgång alldeles utanför min lägenhet i gryningen, redan i backen, istället för att stänga av eller simplare, redigare, rimligen hämta skiten vid lunchtid. Jag snackar om rakbladet hörseln, stilettsinnenas pina och råstoff att dissikera. Black is the beauty of the brightest day by Isabella ante porta by the sea's side hear the dark-vowelled birds. Är avlandet av barn den största styggelsen? Att rumstera runt här är som att bälga i sig en liter av Lethe, Styx plus Acheron is my mind and I will have it so.

–Modern tillhandahåller helt enkelt inte längre det söta, goda, fulla bröstet, men är där för övrigt, ikring, med sin outgrundligt uppdykande och avlägsnade kropp och vänliga tonfall. Jag nådde inte ända fram, för att tala med den store Torbjörn Fälldin. Det är devisen framför andra. Otåligheten gav upp dem för snabbt. Så är man där igen i samma hål, eller nästan. Bukbröder är ett satans uttryck. Hon påstod att bröderna delade henne sig emellan. Så länge de förfogade över varsitt hål var alla tre nöjda med arrangemanget.

– Vem babblar du om? frågade Jan.

– Att hon fått sätta i sig alla dessa kukar genom åren var kanske förgäves, ett inmundigande som ... Nu i menstruationen påstod hon sig ligga beredd med det andra hålet vänt mot Dux Romanorum Imperator Augustus, med kommentaren att de flesta män brukar gilla det. Att hon ville höra, jämföra, anförtro sin mest häftiga erfarenhet med taggtråden ikring den skåra runt vilken så mycket av livet hört av sig, gjort av sig bak så väldigt vita ... Vad som än sägs bevisas det att jag en höggradig anhängare av demokrati.

Enligt Stefan var Jan för fixerad vid det märkvärdiga tingets egenheter och satt därför fast i värsta sortens ofruktbara nivellering. Han borde istället öppna sig mer för det faktum att människor, inte föremål, överhuvudtaget fanns, och därmed utgjorde väsen som kunde, om de ville, reflektera över såväl sig själva som materien. Som en ren övning att betrakta skulle de nu försöka utforma distinkta gestaltningar av fyra fritt valda människolika figurer, förslagsvis två historiska personer och två fiktiva men välkända storheter.

Utan att någon kontrollerade om den andre grep sig an med uppgiften, satt bägge mellan varven snart och filade på fyra och just fyra individers porträtt, men inga katalogiska avskrivningar, för enligt Stefan på något sätt *bevisade* en författares närgångna fritt fabulerande upptagenhet av ett utvalt människoöde både att samma penna verkligen en gång hade funnits, fast minst lika mycket att karaktären ifråga, avlockad eller pådyvlad åtminstone ett par karakteristiska egenskaper, precist utpenslade, ännu var praktiskt taget oartikulerad och följaktligen inte ens hade hunnit bli på allvar föremål för begrundan. Först därefter kunde den innovativa framställningen utgöra en korrigering av det alltför standardiserade vanetänkandet, borttappandet eller ivägslarvandet och smältas om till ett städ att slå sönder egna och andras klyschor mot, samt ge en antydan om individens och Homo sapiens plats i kosmos.

Jans bevis:

Han påbörjade en skiss som skulle handla om Stalin, efter att ha varit i valet och kvalet mellan att istället ta sig an endera Timur Lenk eller Salazar. Skissen av den sovjetiske ledaren tog fasta på paranoian och hur den ledde till absolut skoningslöshet mot samtliga i omgivningen, men inte enbart som om det skulle gå att skrämma fram verklighet, utan också förvandla avföring till guld och straffångar till profit. Utan handböcker och biografier till hands gav Jan dock snart i det tysta upp.

Han påbörjade en annan skiss, en som skulle handla om en figur han intensivt avskydde, Musse Pigg, men tämligen omgående övergick porträttet till att snarare handla om ayatolla Khomeini, eftersom Jan läst att prelaten osannolikt nog – korrekt eller ej – skulle vara upptagen av ingen mindre än självaste Musse Pigg. Vad hade Irans stenhårt stirrande långskägg till härskare och Walt Disneys efter vart genomhyggligt kastrerade råtta gemensamt?

Han påbörjade en studie om sin riktige granne tvärs över gatan, och vederbörandes hiskeligt dreglande och i husses frånvaro skällande grand danois, men slutade praktiskt taget omgående med att i fiktionen ta ut sin frustration på verklighetens enerverande hund, övergivet och dagtid orastat väntande där hemma tvärsöver den smala Tavastgatan, genom att med en ljuddämparförsedd pistol sikta på och träffa fridstöraren mitt mellan ögonen. Därefter fanns inte mycket mer att tillägga.

Slutligen – för att få ihop till fyra bevis – petade han pliktskyldigast dit ett par rader om en av sina kusiner, favoriten, men kapitulerade inom kort. Varför inte hellre låta människor – döda som ofödda, släktingar och okända, hågkomna eller försummade – få vara ifred? Kunde Jan däremot penetrera materien skulle han kanske gå i land med påvisandet av det illusoriska med förmenta skillnader på högt och lågt, kropp och själ, att hela härligheten i grund och botten jämnt över var jordisk materia, varken mer eller mindre, alltsammans, eller om man så ville energi, i jordbornas fall härrörande från solsystemets födelse, raskt uppspjälkat i sina beståndsdelar, som om det fanns nästan en längtan att få gå åter till det radikalt upplösta ursprunget, fast fenomenen ikring honom med hart när löjlig envishet ännu ett par ögonblick tycktes framhärda i sinnrikt hopmonterat skick, som makroskopiska ordningar, alltifrån sandkornen utanför huset på Farol till en shiitisk despot från Qom som Khomeini, utan undantag glass, sörjor i förvandling, tillfälligheter likt första bästa glasruta som inte visste av något annat än att fortsätta rinna sig så sakteliga utför mot marken.

Stefans bevis:

Han beslutade sig efter viss tvekan att de historiska personer han skulle vilja skriva om var Machiavelli och Warhol, ämbetsmännen, hovnarrarna, politikerna, komediförfattarna och statsvetarna, ytterst för att båda var så befriade från illusioner och konstnärligt förutsägbara med sina upprepningstvång. Ändå kom han inte mycket längre än till att teckna konturerna av det dåtida Toscanas myller av krigsherrar och mecenater, helgon och bankirer, Florens som världens i knappt två sekel kanske rikaste stad, Warhols moders- och kändisfixering i *sin tids* rikaste metropol, läkarskräck och att inte en endaste själ efter mammas död fick besöka hans lägenhet fullproppad med katolsk kitsch, knappast så länge hon överlevde heller.

Några påhittade figurer kom han inte på, så han tog itu med Ana Christina och sig själv istället. Porträttet av Ana Christina byggde på fotot hon skickat, på styvt papper, försett med vit ram. Det såg retuscherat ut, som om färgen i efterskott målats dit för hand. Han hade inget porträtt att skicka tillbaka, så som hon begärt. Han tänkte inte heller inrama och permanent ställa upp fotot på en för ändamålet ägnad möbel, men plockade fram och tittade på det i stunden gjorde han, vältrade sig in i och hittade ut från igen, noterade örhängenas längd, att blicken tycktes vara trånande trots att fotot var taget i studio, av en proffsfotograf (det var stämplat Fotalmada), antagligen vid samma tillfälle som övriga familjemedlemmar porträtterats, kanske till och med inför deras rannsakande nyfikna blickar. Håret var rakt, rikt, uppsatt i en knut, pannan slät, ögonbrynen tunna, markerade, klart åtskilda, välvda med spetsiga krön på mitten, ögonen svarta, näsan timglasformad, med utspärrade näsborrar, som om hon vädrade eller var upphetsad värre, underläppen fyllig med karakteristiskt veck undertill, mjukt markerad haka, halsen dold av en hög spetskrage med brosch.

Stefans porträtt av sig själv hade med Jan att göra och handlade om gränsöverskridande och förvandling, att man döptes på nytt och på nytt, i alla fall den som levde ett tag och fortsatte att begå misstag, lära långsamt och inte sluta sig kapitalt redan från början. Ett av dopen skedde med Jan och på hans villkor. Jan ringde en eftermiddag från Kungsholmen, efter avslutat SFI-jobb, och undrade om inte vännen hade lust att ansluta till en viss pizzeria på Hantverkargatan, och visst; nog kunde han väl bryta upp från studierna. Spontana möten påstods ju vara roligast. Raskt var han över på haket där Jan satt och pimplade. Stefan gjorde snart detsamma, tills bordsytan var täckt av tömda sejdlar. Dock hade åtminstone inte Stefan intagit någon föda sedan frukost, så starkölen gjorde sin verkan via den tomma magsäckens blottade slemhinna, rejält. På Jans förslag gick de till slut ut i vinternatten och ställde sig på en båt förtöjd vid Norr Mälarstrand. Efter att båda urinerat stod de kvar och svajade på det nedsnöade båttaket, i berättelsen liksom en gång i verkligheten, fortsatt talande om litterära planer, trots det tvärbranta ruset, ända tills en rasande båtägare, som uppenbarligen legat och sovit, dök upp ur en taklucka och under högljudda förbannelser jagade fridstörarna iland, på det att vännerna uppsökte grannens skuta, och från dess däck svajade och spekulerade som förr. Så följde ett mörker. Därefter var Stefan framme, i någon mening ankommen sitt mål. Fast hur hade han lyckats ta sig hela sträckan från Kungsholmen till sin dåvarande flickvän i Vasastan? Simmande fram genom etern eller med hjälp av en antagligen i så fall olycklig taxichaufför? Utan att han begrep hur det gått till befann han sig liggande framstupa i farstun på nedersta våningen på den rätta gatan, inne i gårdshuset, och började kräla på alla fyra uppför trapporna, trots att hiss fanns. Till sist nådde han tredje våningen och knackade i liggande från stengolvet på. Efter ett tag kom flickvännen och öppnade och vad påträffade hon väl då som nattlig gåva om inte Stefan iförd en moderkaksfärgad hjälm av spyor runt hela övre delen av skallen? Tvivelsutan satt den där allt, den egentillverkade segerhuvan, ännu inte riktigt hårdnad till störtkruka. Inte skapade den någon feststämning, fast insläppt blev han. Anklagade Stefan Jan för att han den natten döptes alltför oaptitligt, eller var han tvärtom vännen stort tack skyldig för att så snart han letat sig upp ur dopfuntens väta ha förvandlats till en brinnande fackla? Nu hade han stulit elden från gudarna och skulle som dubbeldöpt strax resa sig upp och skalda om himmel, jord och underjord! Det var *han* som hädanefter upplyste mörkret allra nederst i avgrundens hålor!

Stefan fick i tysthet ge Jan rätt. Hans eget misslyckande att skriva om levande människor, före detta och ännu verksamma, uppdiktade eller ack så verkliga, ospydda eller spyende, vittnade förmodligen nog så tydligt om att han var lika trött på upprättstående och snattrande personer som någonsin Jan. Hur skulle han orka bry sig när de tycktes så omdömeslösa, fega och rätt och slätt i jämförelse med både tingen och ingenting korrupta?

Under den tredje middagen efter Jans återkomst från Lissabon fick de en reprimand av Ennanis far för att de alltjämt inte inkommit med sina böcker.

Medan de vände tillbaka från restauranten i den ljumma, vindstilla kvällen påminde sig Jan om att de nu hade mindre än en månad kvar på ön. Han undrade om inte Stefan därför, inför återkomsten till Stockholm, måste ta itu med sitt avhandlingsarbete. I skenet från fyren bad han först vännen att en smula redogöra för vistelsen på Kierkegaardinstitutet i Köpenhamn i somras, något han inte hunnit höra detaljerna om. Bums stannade Stefan in, så att han bättre stillastående med gester kunde illustrera sin framställning:

– För det första förstår man inte den fulla vidden av en jeppe som Sankt Sören. Jag menar hela hans signifikans, för det är inte bara på det viset att varenda satans skolmogen *dreng og pige* tvingas läsa ett par passager av honom eller att det på institutet finns ett rymligt bibliotek från golv till tak packat med böcker av och om honom enbart, på alla förväntade och mer osannolika språk. Nej, det som främst gjorde intryck var själva introduktionen. Först fick jag nämligen, praktiskt taget direkt efter ankomsten, en egen nyckel, så jag kunde komma och gå som jag ville, dygnet runt, vilket jag spontant tyckte var nästan oansvarigt av värdarna, naivt generöst eller förpliktigande i överkant, men så blev jag strax därefter tagen i örat också, rannsakad, om vad jag mer konkret ville med studierna. »Förhöret« sköttes av en moderlig brittiska, på något vis ärkeprotestant ut i fingerspetsarna fattade jag redan av sättet som hon gick och stod på i sina fotriktigt superrekorderliga strumplösa lorteransandaler. Det var en kvinna som stört omöjligt kunde vara något annat än teolog, inte ens missionär, men ingen vanlig prästkrage heller. Vänlig eller förekommande var hon, men som sagt reformert ned i vart fiber av sin magra, långa asketkropp. Säkert unnade hon sig inte att ligga till sängs riktigt bekvämt ens, utan hade antagligen för vana att under natten i sin tagelskjorta inta enbart extra krångliga och så myrkrypningsframkallande sovställningar att hon–

– Till saken!

De hade blivit stående på cementplattorna mitt på sandgatan. Det var nästan becksvart och stjärnklart. Havet lät som en regelbundet snusande förkyld gamling. Det enda som syntes var paraden av döende agaveplantor längsmed husens något ljusare murar.

– Jag kallade dem kaktusar förr, men kollade upp saken i Lissabon, och de tillhör en annan ordning. Jag begick helt enkelt ett retfullt graverande kategorifel. Det är en vanlig missuppfattning att ta agaven för en kaktus, när de är nära släktingar till liljorna!

– You tend to get stuck in a rhetorical rut already after about … Shall we walk?

– Kan försöka, sakta. Efter att jag talat i fem minuter om min avhandling verkade det som om jag passerat nålsögat och inspektrisen la korten på bordet. »Du förstår«, sa hon på sin dansk-engelska, »att hit kommer det ständigt folk från hela världen som vill sätta sig grundligt in i hans verk, inte minst yngre män. Baksidan av medaljen är dock att en figur av Kierkegaards dimensioner attraherar alla möjliga sorters individer, med otaliga tänkbara barlaster, så att jag själv har fått intervjua och tids nog avvisa säkert ett dussin doktorander som varit så illa däran att de i själva verket, efter visst sonderande, på fullt allvar visade sig tro att de i grund och botten inte bara utkämpade Sören Kierkegaards bataljer *åt honom,* trots att belackarna sedan mer än ett sekel står staty framför universitetet och i övrigt är bortglömda, eller var högst privat genomsyrade av högoktanig ångest, förtvivlan och autenticiteten som de trodde garanterande tungsinne, nej, utan som faktiskt menade – det måste jag tillstå – att de i köttet, helt bokstavligen cell för cell och organ för organ blivit personligen *förvandlade* till högst *densamme* Sören Aabye Kierkegaard« …

– Då talar vi inte längre om något pluttigt bygdeoriginal, från vilken det genom epokerna emanerar en sån varaktig masspsykotisk smittoeffekt!

De var framme vid huset. På toppen av byggnaden intill, Sebastiãos, hängde en krans. Hantverkarna hade skruvat upp sin transistor till bristningsgränsen. Det var uppenbart att man i uppdragsgivarens frånvaro tog ut svängarna rejält med sitt taklagsfirande.

Stefan slog sig ned på terrassen, medan Jan låste upp och hämtade öl och Camões. Så snart flaskorna nått bordets glasskiva fortsatte redogörelsen för Köpenhamnsvistelsen.

– Så beviljades jag inträde i lagen och satt där från morgon till kväll och excerperade, tog fotostatkopior, listade uppslag, men stöttes och blöttes knappast alls med de utländska gästforskare som kanske var i samma eller liknande omständigheter.

– Träffade du inga danskar?

– Suzanne Brögger inviterades en kväll och höll hårdsminkad och leopardprickig ett slags försäkrande hyllningstal om Sörens vikt och hennes egen exceptionella beläsenhet. Hon påstod sig ha granskat hans skrifter redan under tonårens vanvett, men *träffat?* Nej, den enda som någonsin *känt* denna narcissistiska nolla måste vara hennes egen turban och omedelbart undertill skitiga härva av hår. Jo, och så stötte jag som hastigast i en korridor på självaste – inte världsanden till häst – men väl Niels Thulstrup, givetvis utan att han beviljade mig så mycket som en blick.

– Förklaring!

Månen höll på att gå upp i öst. Vintergatan syntes tydligt. Kåkarna på andra sidan sandgatan såg ut att huka sig än mer, praktiskt taget försöka förena sig med det omgivande tillplattade sandhav i vilket de en gång utplanterats, eller åtminstone, om de inte klarat att upplösa sig själva, så i alla fall nu nattetid fick drömma om en sådan paradisisk återförening med sanden.

– Det är den ledande äldre Kierkegaardforskaren av idag, nestorn helt enkelt, före detta ordförande i det internationella Kierkegaardsällskapet.

– Före detta? Men nu kan vi inte sitta längre i det här jävla oväsendet!

När Jan fimpat sin andra cigarett reste de sig och vinkade till den unge murare eller snickare som med bar överkropp som hastigast råkade skymta förbi i mörkret och pekade på sig själva med händerna för öronen, greppade sina flaskor och gick in i vardagsrummet istället. Jan hämtade mer öl och tog med Camões plats i den ena fuskläderfåtöljen. Stefan satt redan i betongsoffan i fotogenlampans ljus.

– Thulstrupen var i decennier ordförande och frugan för säkerhets skull sekreterare, men så rätt nyligen fick viktigpettern – vanligt akademiskt inavelsdravel – för sig att hans insatser inte uppskattades i riktigt den fulla utsträckning de förtjänade, läs att det började dyka upp ett par nya viktiga forskare till och med i hans egen lilla platta, smörrebrödsfeta, nitrit- och vattenbemängda antibiotikaimpregnerade baconskiva till salmonellanation, så då bestämde han sig under mycket buller och bång för att ta sin Mads ur skolan, med den påföljden att han och frugan nu har bildat det som världen förmodligen allra mest har gått och suktat efter hitom sista istiden, vill säga ett rivaliserande Kierkegaardsällskap, och gissa vem som där är ordförande respektive sekreterare?

– Varför nämner du det här? Hör du att det är Jack Bruce på trummorna?

– Kanske för att få leverera repliken om hur den överbittre var klädd i korridoren, för jag har aldrig mött T.S. Eliot.

– Det *lät* i alla fall som Jack Bruce, men det kan det väl knappast ha varit, eftersom jag har alla hans plattor.

– På mitt språk »klädd som en brittisk bankman«.

– Vart ord du anför lovar ju gott för din akademiska framtid. Men vad pratar jag för strunt? Jag menar självfallet Ginger Baker!

– Men jag har inte mer akademisk framtid – eller framtid överhuvudtaget – än du har med ditt Svenska För Invandrare, din korrläsning eller om du ska börja läsa in talböcker för blinda eller hoppa på doktorandutbildningen du också, eller något annat lika upplyftande och dunderrelevant.

– Varför håller du aktivt på med dissertationen då?

– Är jag *aktiv* på Farol?

– Här nere skulle till och med en praktisk katastrof som *du* ha en egen framtid annars, nämligen som hantverkare! Till och med Tummen Mitt I Handen skulle kunna försörja sig flera gånger om som finsnickare i Olhão, och tycker du det passade bättre med rörmokeri skulle du per omgående komma att rankas som Algarves främsta rörmek, murare, elektriker eller grävmaskinist!

– Historiskt sett är det väl helt enkelt så att de mest välutbildade och socialt handikappade knäppgökarna till petmånsar och perukstockar och knappologer som ett visst givet samhälle förmår spotta ur sig … Ja, även de kammarlärda måste till syvende och sist någonstans ta vägen – alla får inte plats på hispan eller Farol – och helst göra så lite skada som möjligt. Vart skulle de då försvinna om inte in i krigsmaktens, kyrkans och universitetets opersonliga famnar? Det är just därför den sortens trippelkorridorer och arkiv har tagits fram.

– Vilka utlänningar rörde du dig nätt och jämnt bland där i det köpenhamnska?

– Varje morgon när jag steg in i själva biblioteket låg redan på bordet intill mitt en uråldrig dansk forskare utspilld över texterna och sov med huvudet vilande i händerna framför sig. Utan att vakna snarkade och snörvlade han sig igenom varje arbetsdag på det sättet.

– Hur kan du då veta att han var dansk? Ginger Baker trummade en gång jämnt med din beundrade Elvin Jones. Hans solo i Toad–

– Det är klart att snarkandet och spindelväven inte automatiskt garanterade att han var dansk, bara levande, men han snarkade så som enbart den törs som verkligen snarkar på hemmaplan, ogenerat som vore han hundraprocentigt hemmastadd i hängandet över skrivbordet. Alltså, när jag som siste man utöver dygnet-runt-snörvlaren, som kanske bodde på institutet, fastkedjad vid sin plats, klev ut på gatan första kvällen, i det sinnessjukt skandinaviska nordpolsjuniljuset, vid midnatt ... Jag kom visserligen inte direkt från ekvatorn, men brottades ändå med att ställa om inför högsommarens ljuskantring. Vi talar om ett midsommarljus som tycktes pocka på ett oerhört dramatiskt gensvar från ens egen sida, en dubbel *salto mortale*, inte över en utmattad tjurkropp, utan ett svanhopp från femte våningen. Nervöst låste jag om mig, skraj för att utlösa larmet, och drabbades ögonblickligen av tvekan om vart jag skulle fortsätta.

– Herakles vid skiljevägen.

– Bättre att fråga en gång för mycket, om riktningen, än att förirra sig, tänkte jag snusförnuftigt. Jag pekade därför åt ett visst håll – för övrigt korrekt väg som det senare skulle visa sig – och fick fram ett riktigt rejält grötmyndigt – från djupt nere i bronkerna stammande – »Kongens Nytorv?«. Svaret levererades på engelska. Hur halvkvävt havregrynsgrötigt jag än försökte harkla och svälja oljud blev det engelska i retur. Strupgröten eller remouladsåsen min bemöttes lika säkert som amen i kyrkan av åter och åter engelska glosor. För att de hörde att jag kom från andra sidan sundet?

– Logorré!

– Strax efter mig brukade en av Nippons söner, en kille i min ålder – tänk dig en samuraj med helskägg! – skrida in i biblioteket med ett »Gå´ mårn!« riktat till ingen särskild, endast för att kompletteras med ett lika oklanderligt uttalat »Gå´ aftn!« när han sen gick mot kvällen.

Jan hade nu för första gången under övistelsen fortsatt att rulla cigaretter utan att genast röka den första färdiga. Fem stycken låg klara när han började på en sjätte.

– Men lärde du inte känna någon?

– Den japanska killen pratade jag faktiskt med *en gång*. Han hade startat med att lära sig tyska för överhovpredikantPreussenrövslickaren Hegels skull och så förstått att ta språnget över i Sören. Ingen satans Versöhnung, Ontologische Logik, Encyklopädie der philosophischen Wissenschaften eller Weltgeist här inte! Han skulle i filosofi doktorera på ett så egenartat ämne som Kierkegaards bön. Man borde be för den stackaren. Missnöjd med att bara kunna läsa Sören på tyska hade han gått åstad och lärt sig behärska också det danska språket, eller vad man nu – *grosso modo* – ska kalla rotvälskan, nästan perfekt.

– Herre min skapare!

– Men Bruno, en jänkare, lärde jag känna. Jag förfogar knappast över någon musikalisk vokabulär, men vad menar du med påståendet att Jack Bruce eller Ginger Baker »trummade jämnt« med Elvin Jones? Menade du *lika snabbt*? Nej, det enda minnesvärda var midnattsljuset, Bruno och ståpulpeten. Musikens parametrar–

– Det där med ståpulpet låter upphetsande. Vänta! Ståpulpeten kräver mera bärs!

När Jan kommit tillbaka var det först med förebråelsen att Stefan försummat att fylla på förrådet av flaskor:

– Hur ska jag klara mig utan ett postludium till pilsner? Här finns ju inte en endaste säkerhetsöl kvar! Utan garantiöl ingen nattsömn!

– Räknade godtroget med att det i alla fall skulle räcka den här aftonen ut. Är det så mycket att vara förgrymmad över? Du ser alldeles svart ut i plytet! Mordisk! För trumjämförelsen?

– Det räcker! Du är fan inte tvungen att rota i trummandet mer! Inte ens du behöver veta allt. Fortsätt istället!

Jan hade tagit av sig ena skon och höll upp den som en tänkbar projektil.

– Men kasta då för i helvete, om du inte kan behärska dig, om du verkligen måste! Det borde ensidigt ha varit Ginger Baker som beundrade

Elvin Jones, inte tvärtom. Jag kan inte hjälpa att jag inte begrep vad du menade med att Pålle trummade jämnt med Palle eller för att du med rätta är frustrerad över din sits i brackornas Stockholm! Jag antar att man behöver tala om musernas konst i termer av harmonilära, kontrapunkt och komposition etcetera. Och motiv och fraser inte mindre, byggstenar i musiken på samma sätt som ord och meningar inom vårt gebit. Vad innebär så i tillägg *timing*? Timing går det väl knappast att tala om utan att dra in begrepp som intonation, betoning och frasering, eller hur?

– Kan du inte ta och hålla käft?

– Musikens element är dock tonarter, ackord etcetera, tempo, rytm etcetera, tonhöjd, klangfärg och självfallet inte minst volymen och förhållandet mellan över- och undertonerna, alltså psykoakustikens–

Jan slängde skon mot Stefans huvud. Måltavlan hann likväl ducka och skon studsade ut från väggen och lade sig rättvänd mitt på golvet. Camões rusade fram och snusade på den, till bägges lättade skratt.

– Beklagar att det inte finns fler öl, men jag har varit här ute på ön hela tiden, hållit mig kvar strängt upptagen med att efter en stenhård arbetsdag vid skrivbordet sätta dit det där kommatecknet–

– Som du tog bort igår, en intellektuell prestation motsvarande i energiförbrukning tämligen väl innehållet i en halv hasselnöt! En ölpava eller löptur däremot–

Här avbröts Jan av det omisskännliga ljudet av en flaska som krossades. Den hade uppenbarligen kastats mot deras hus och varifrån var lätt att gissa.

När resterna efter den kastade flaskan väl landat var det som om tystnaden endast kunde bekräfta att något så osannolikt som det anmärkningsvärda flaskkastet mot deras fasad egentligen aldrig inträffat – de förfogade så vitt bekant inte över några fiender, eller hade en grabb där ute låtit sig inspireras av Jans skokast? – men strax exploderade en ny flaska mot samma byggnad som den första, för att raskt följas av en tredje lika plötslig pulverisering. Så osynliga från fönstret sett som möjligt satt Jan och Stefan och tryckte mot innerväggarna, väntande på om huset skulle träffas av än fler projektiler.

– Det är fan inte sant.

Bägge hann tänka sig scenariot att ett fönster nästa gång kunde krossas.

– Vad gör vi om de anfaller?

– Försvarar oss naturligtvis. Kan du slåss? Bra på närstrid?

– Elddopet skedde på Manhattan 77. Jag och en utflippad krigsveteran hamnade i en återvändsgränd nere i Bowery när fyra höghushöga lodisar raskt kom emot oss. Då drog killen bredvid mig upp en stålkam ur bakfickan, en sån där som svarta personer använder för att kamma sitt afroburr. Det var bara det att han brutit bort alla piggarna utom de två yttersta, som han höll upp framför ansiktet och så vände mot lodisarna, så jag skulle se att avståndet exakt motsvarade det mellan en vuxen människas ögon.

– *Varför* kastar de flaskor på just oss?

– Vi är närmast till hands eller …

De kunde nätt och jämnt urskilja varandra i det nedskruvade fotogenlampsljuset och satt båda lika raka i ryggen som småpojkar väntande att för första gången kallas in på rektorsexpeditionen.

– För att de ännu inte har kommit åt att knulla tioåringen.

– Det är *du* den enda som tror.

– För att de tror att vi är bögar.

– Men det tror väl alla här.

– För att vi är författare.

– Det tror som sagt varenda kotte på Farol. Det anser de sig vackert *veta*, efter att ha behövt uthärda dina skrönor.

– Det är för att de inte behärskar sitt hantverk ordentligt! Jag fattar att den historiska kontexten saknas, men varför kan folk inte vara seriösa när de ändå faktiskt finns? Om människor som allra minst hade elementära kunskaper om det de själva satt sig före att ha hand om, ja, då levde vi på en annan planet!

– Men det tror alla runtomkring att de här klantiga hantverkarkillarna i själva verket *visst* kan! Ennani beundrar sitt fallfärdiga katastrofinnertak och Sebastião pröjsar knappast de här finniga bråkmakarna för att de ska fördröja färdigställandet i det oändliga!

Ute var det kolsvart, så det förblev svårt värre att få syn på eventuella inträglingar genom fönstren, fast inte så att de stirrade ut. Båda satt fortfarande som förlamade, tätt tryckta mot väggarna, Stefan alltjämt i soffan, Jan i ena fåtöljen. När som helst kunde huset stormas eller en flaska krossa något av fönstren. Inget hördes förutom den lilla plasttransistorns förvridna återgivande av portugisisk pop. Till sist klarade Stefan inte längre att hålla sig:

– De kastar flaskor på oss för att det i grund och botten inte finns någon anledning, för att de inte kan känna glädjen över ett gott utfört hantverk och för att vi råkar befinna oss på samma farkost, Farol, utan att ha mycket ytterligare gemensamt, eller om det nu snarare är vår lokala galaxhop!

– Det är taklagsfest och de har ingen musiksmak.

– Men testosteron.

– Alkohol och testosteron och sprucket transistorljud i oskön förening. Om de åtminstone spelade något vettigt!

Båda väntade på ett nytt kast eller samlat anfall, ett som kanske inte kom. Vad hade byggjobbarna för sig där ute? När damp nästa flaskbomb ned mot deras hus?

– Även du brukade drämma glasen rätt in i väggen vid den tidpunkt vi lärde känna varandra.

– Jag var stamkund, fastän högeligen frustrerad, konsumerade friskt. Syltan gick nog runt ändå må du tro.

– Du prickade några husfasader också, uppe på Lappkärrsberget, längsmed Forskarbacken, vår egen gata, mitt i natten.

– Scherben bringen Glück!

– Klart att aristokratin i Danmark på 1600-talet inte drack ur glasen mer än en enda gång och så slängde dem i väggen. När Kristian kvart kröntes gick det inte för inte åt tiotusentals specialblåsta snaps- och vinglas.

– Där skulle man ha varit med.

– Möjligen därför det rödvita tygstycket föll ned från himlen den där sommardagen 1219 i det land du tvingats kalla Estland.

– Om *brogen* nu inte snarare var en gåva från påven inför kommande korståg.

– Jag anar inte kopplingen mellan din destruktionsdrift och den äldsta nationalflaggan i världen.

– Jag firade väl att kastarmen ännu var i prima skick och blåsan av stål.

– Inte traditionen med nordiska korsfanor heller. Fast kanske finns ett samband med vad du en gång påstod var en sorts skrock i just Estland: blev man träffad av fågellort i skallen, så bringade *också det* bombardemanget först och främst *tur*.

– Berätta hellre färdigt om den där Ugo eller vad det var snubben hette, medan vi gör oss färdiga för the show down, the inevitable all-out ultimate show down!

Transistormusiken minskade inte i ljudstyrka. Jan hade druckit upp och rullat färdigt. Han plockade fram den första av åtta cigaretter framför sig och tände den. Stefan knäppte upp sin plåtask och tände en av de späckade cigarillerna.

– Bruno var före detta proffs i både boxning och amerikansk fotboll, uppväxt i slummen. Vi skulle ha honom här nu att knocka slynglarna. Vi tillbringade flera kvällar i sällskap med Sort Guld. Han var av ungefär min längd, men självfallet ladugårdsdörrbred och krallig. De gick på så mycket amfetamin i fotbollsligan att somliga spelare, som han påstod, inklusive hans närmaste vän, dog knall och fall av ren utmattning, hjärtsvikt, ett par om året, på planen, inför alla åskådare och på burken, av upptjack.

– Mitt under matcherna? Men då måste väl omdömesförmågan ha satts ner rätt ordentligt?

– Själv slutade han efter en episod när tränaren från sidolinjen förgäves vrålat att han skulle utgå i en kvart utan att han märkte gastandet på grund av tjackets effekter. Lagkompisarna fick till slut *lyfta* av honom.

– Så lösningen blev Stadier paa Livets Vei?

– Kan du pilottricket? Påminn mig om pilottricket! Hans professor, Philip Rieff, sa åt honom att klippa håret och sätta på sig slips och kostym hädanefter, om han någonsin ville landa ett jobb i Akademien. Ju förr desto bättre.

– Måste vara därför du gör toalett så utomordentligt omsorgsfullt.

– Han var nu med större stipendium i fickan på plats i Köpenhamn, precis som jag, fast mitt var av format mindre och han hade med sig hela familjen. Det första barnet var nyförlöst.

– While your own family was your scribicide.

– Bruno tog mig bekymrat avsides på krogen när han fick höra om mitt eremitliv och frågade om det var uttänkt så att vi skulle dö alldeles splitter allena kanske, utan att ha någon vid sin sida, om det var *det* som var vitsen med vårt jordeliv, så spetsfundigt papistiskt formulerat att man skulle förledas svara i hans patriarkaliska varen fruktsamma och föröken eder och uppfyllen hela jävla bollen och läggen den under eder-riktning till expansionsformulär. Man bara *skulle* ha en jättefamilj svept ikring sig när den dagen kom – hör du det själv förresten eller ynglade måhända Kierkegaard av sig? – för att undvika att råka krepera övergiven av världen, att vara på vippen att gå in i den definitiva ensamheten utan att ha hunnit samla de sina tätt runt sig i samma nyckelögonblick. Hellre leva som en hund och dö som en kung, med min fars uttryck, än leva som en kung och dö som en solitär racka.

– Blanker Unsinn!

– Det egna med Bruno var hororna.

– Jag trodde att vi nu, när hantverkarna kanske inte längre bankar ihjäl oss, skulle tala om en viss ståpulpet.

– Jag har aldrig hört någon med sådan övertygelse lägga ut texten om Kierkegaard som horkund som Bruno, trots att man strängt taget inte vet om Guds spion knullade en endaste gång. Inte mycket som tyder på det. Fast Bruno köpte alltid Berlingske Tidende, och kondomer, vad än Vatikanen äskar. Det var enkelt att slå upp i privatannonserna bakerst i tidningen. Jag fick ju kolla om det stämde. Oftast omtalat som massage, ibland specificerat med en inom det erotiska kroppsknådandet och vad angår penetrationer teknisk nomenklatur, följt av ett förnamn med telefonnummer.

– Grabbsen har slutat kasta, trots att oväsendet inte har minskat.

– De har väl ingen geist kvar, men vi måste nog fortsätta att sitta stilla som möss här inne. Låste du dörren? Antingen stormar de ändå strax, för brist på tomflaskor kan det knappast handla om.

– Vem kan veta något i förväg, innan det hänt?

– Vi står där vid bardisken och Bruno jämför hororna i Köpenhamn med kåren i sitt eget Chicago och måste tillstå att han drabbats av kulturchockens mest förlamande kortslutning.

– Allt meningslöst jag gjort och tvingats lyssna på. Varför blev det inte annorlunda?

– Bruno kunde inte låta bli att uppsöka de där danska annonshororna, om det nu berodde på att frun var nyförlöst och sårig eller … Men vad han på kvällarna ville diskutera med mig utöver Kierkegaards reduplikationsbegrepp, i egenskap av *europeisk* man, det var att i Staterna, påstod han, höll ett fnask sig vackert till fnaskandet och inget annat utöver möjligen missbruk, från morgon till kväll, medan man ännu kunde passa på att dra in några slantar på sitt utseende, men till sin fullständiga förvåning mötte han i Köpet en helt annan sorts horor. När han till exempel tog upp saken första gången kom han just från en ung tjej som läste psykologi och finansierade universitetsstudierna på rygg. Han var skakad in i märgen, inte minst för att hon »var så bra på det också«, som han uttryckte sig, verkligt proffsig.

– Nu när det inte blev något slagsmål av, i natt, då kan du väl äntligen lämna de sinnliga förlustelsernas slipprigare räjonger eller välfyllda kondomer? Jag väntar spänt på ståpulpeten! Möjligen dessutom pilottricket.

– Den fanns på Stadsmuseum, Sörens egen alltså, den han stått vid under alla dessa sanslösa år av orkanisk produktivitet, nästan ett fall av permanent automatisk skrift kan man säga, en intellektuellare turboversion av den bretonska drömmen. Han skrev så satans snabbt i sin deliriska högsta himmel att han inte hade tid att luta sig framåt och plocka reda på volymerna i närmaste hylla för att kolla upp klassiska citat ens, så ibland blev det några mikrofel där, eftersom han i racerloppet citerade fritt ur minnet. Tappade han ett manusark på golvet böjde han sig inte ner för att ta upp det, utan skrev genast en ny sida istället, med säkert ett par ytterligare tillägg och fördjupningar.

– Jag börjar förstå varifrån du fått din arbetsmetod.

– Hans nya samlade verk, under utarbetande just nu i Köpenhamn, kommer att omfatta mer än 60 volymer, i snitt runt 500 sidor vardera, alltsammans tillkommet under loppet av mindre än 20 år vid ett och samma avundsvärda kanonrör till skrivpulpet.

– Prosolali.

– Jag tog mig fri från hor-Bruno, snark-Metusalem och Gå´aftn en dag och gick iväg till museet. De hade utställt i montrar Sörens specialdesignade förlovningsring till Regine, promenadkäpparna och annat som inte rörde mig i ryggen, men när inga vakter råkade befinna sig inom synhåll gick jag fram till hans *ambon,* fattade tag i kanterna och ställde mig som vore jag redo för … att direkt på order från högre makt vid denna dundermöbel teckna ned … Och vad hände minsann då om inte att hela kroppen med ens genomfors av något slags frossbrytning format större, som ett privat jordskalv, en brakande-knäckande, seismo-hematologiskt fullt registrerbar rungande-gungande blodtransfusion och massöverföring av näring och urkraft som jag knappast har hunnit hämta mig från än!

– Pilottricket!

– Jag bor på Frälsningsarméns billigaste pang. Frukost ingår på dess Pilgrimscafé, men när kaffet smakar fan och jag därför ska slå ut det i blomkrukan på bordet visar sig jorden och plantan vara av plast, så rävgiftet rinner ut över bordsskivan. En man som jobbar i caféet, och som garanterat bakom min rygg måste ha sett hur jag nyss betett mig, skrider egendomligt nog fram som mildheten själv med en trasa i handen istället för okvädingsord. Han presenterar sig som, eller snarare tilltalar mig med – blir inte klok på vilket – »Frid«. Osäkert svarar jag – eftersom han är dansk borde jag ju kunna svara vad som helst – »Tacito. Kongens Nytorv. Tacchino«. »Talkoni?« undrar han tillbaka och svabbar på med trasan, varpå jag svarar »Tarkovskij«.

– Gibberish!

– Jag reste mig och gick så fort som möjligt därifrån, på fastande mage, utan att se mig om, och intog aldrig mer några gratisfrukostar på Pilgrimscaféet. Trots hålet i budgeten blev det hädanefter soppa stående på Järnvägsstationen.

– Ja, men … Vänta! Ge hit en av de där jävlans vimmelkantsskitcigarillerna!

– Vad hände förresten förra gången du rökte, för du har väl prövat någon gång antar jag?

– Jag blev knäpp.

– Håll nere så länge som möjligt.

– Det sammanhangslösa tumultet i maran och ruset. Drömmarnas flyktighet kontra rusets desto handfastare skruvstäd. Alltsammans in i pannlobernas lappar, julklapp efter missriktad julklapp. Och pilottricket?

– Om vi kan resa oss upp. Tror du det? För flaskkastarna. Jag kan inte gärna *prata* om det utan att *visa* i en och samma veva, synkroniserat! Om du inte blir förbannad nu igen? Man står så här, allra helst på ett ben. Sen för du den högra handen upp och ner, rakt upp och ner bara, *samtidigt* som du med den vänstra tecknar en cirkel och med det fria benet utför en tredje rörelse. Försök själv! Simultant! Det är det som är skillnaden – jag menar bortsett från traditionerna – mellan en Bruce, menar Baker – le batteur légendaire – och Jones, det polyrytmiska. Elvin Jazzmachine rör ju alla fyra lemmar oberoende av varandra, trampande och slående-vispande, vid behov, och det behöver en stridsflygare också kunna när det brinner i knutarna, när han flyger extra lågt eller blir låst i en dog fight eller måste svänga så brant att g-krafternas tunnelseende precis innan medvetslösheten gör honom nästan blind. Jag har lärt tricket av min bror, som är pilot, eller »yrkesmördare« som han vanligen säger. Skillnaden mellan honom och mig och mellan jazz och rock, i alla fall i teorin, jag kan ju ingenting annat, jag menar i praktiken, i verkligheten, är förvisso att Elvin och brorsan kan göra allt det här på en och samma gång, plus utföra en fjärde rörelse med den fot som i vårt fall här och nu bokstavligen tvingas hålla kroppen stående, medan ... Pröva själv får du se hur lätt det är! Nej-nej, *allvarligt menat!* Kanske har du förmågan. Kanske är du ett jaktpilotsämne. Kanske har du optimalt avstånd mellan fettslyngan och pumpen. Kanhända borde du ha blivit trummis, trumproffs, boxarproffs eller fotbollsproffs, horproffs, istället för ölproffs. Och hur verkar cigarillen? Status? Tunnelseende? Ristningar? Tendenser till flatskratt och markant motorisk retardation?

– Ingenting nu heller. Inget händer. Ingen effekt alls faktiskt, denna gång. Inte ett dugg. Vad är det för verkningslöst jävla struntskit du egentligen har pröjsat för? Halm doppad i tallkåda? Otadlig tåpira med vass runt? Marinerade maskrosblad? Lius-Fillipus använda dasspapper? Tala om att ha skörtats upp!

– Och när jag efter en lång natts ölande med Bruno vacklade fram i gränderna kring Ströget i riktning mot det jag trodde måste vara vägen tillbaks till det hägrande Frälsis och sängen ... Om det var för min taskiga hållning – för cylinder och spatserkäpp gick jag inte omkring med eller hade ben tunna som blyertspennor – och inte för att man ska överdriva den genomsnittlige danskens grad av bildning ... I alla fall skrek någon efter mig, högt, i en gränd som buktade sig, så det ekade mellan fasaderna, inte långt från en av *hans* egna dåtida bostadsadresser, att »der gaar for fæn ingen annen æn Søren Kierkegaard«!

Dagen efter knackade Sebastião på dörren och undrade om det gått städat till vid taklagsfirandet efter att han själv med familjen avlägsnat sig. Jan tvingades tillstå att det varit livat värre och bad att byggjobbarna åtminstone tog reda på glasskärvorna. Sebastião bad så mycket om ursäkt för fylleslaget och när han förstått att det också kastats buteljer läxade han genast upp de yrvakna och måhända ångerfulla gossar som synbarligen ännu permanent bodde på byggarbetsplatsen. De satte omedelbart igång med att försöka plocka reda på skärvorna. Jan och Stefan såg på och kunde bara konstatera hur gårdagens marodörer tycktes ha förvandlats till lättledda lamm, stående på knä i den döda rabattsanden utan handskar rotande efter splitter. Däremot kunde varken Jan eller Stefan förstå varför man firat en taklagsfest, för Sebastiãos hus gapade precis lika spökligt ofärdigt som vanligt.

Så gick de in och fortsatte arbeta, var och en i sitt rum.

Jan tänkte på huruvida det var en ariadnetråd han följt de sista hårda åren. På Farol löpte han sig i rena desperationen över att inte kunna komma fram oskadd väck från både undervisningskvarnen och odjuret i labyrintens mitt. Det hade annars långtifrån varit någon uppbygglig syn. Han måste löpa tills måsarna äntligen lyfte och havet drogs med upp i luften och ingick i himlen, blått gick i blått. Med en omvänd bombmatta framför sig skulle han berätta om en exil så långt bortifrån att ingen iddes lyssna, antingen, eller också borde inga andra än de edsvurna komma på tal som mottagare. Jan mindes hur han en gång mödosamt lärde sig hantera bestick, däremot inte hur benen gradvis förvandlades till dagens akrobatiska trumpinnar. Idag var han fullärd, ännu i flykten i steget i luften på sanden mot vinden på styltor i ljuset i bruset vid skvalpet, isabellornas moriska förgård. Framför sig såg han ett kaninmagert kattskelett, flått, en den allra tunnaste ram spänd över trådigt kött. Ett kattmagert kaninbevis var pälstussarna som lämnats kvar på tassarna, ett det bräckligaste bålverk trätt över ett nödtorftigt chassi av ben, fast av hö. Det fanns fega människor och enstaka något mindre fega. Inga måttstockar hade tillräckligt förskjutits. Huset var visserligen havsskakat och fåglarna av eld, men världens ved …

För Stefan fick frågan hur X var i kärleksbädden, i raseriutbrottet, i feberanfallet en ny udd. Det gällde livet och dess lärdomar, handen på ett starkt känsloliv, barnets tro att bröstet plötsligt förändrats fast det inte var sant. Det rörde sig ändå om samma satans mun, spene och röv, att bli lakej och medlöpare eller att dra sig inåt i tzimtzum. Att komma in i den nya entrén … Den var verkligen trång. Ingen kom utsökt och lätt någonsin tillbaka igen till sin utgångspunkt, oavsett om de tvära och sära satt där med toast och apelsinmarmelad och var artiga som lik. Han hade knappast berättat om fiaskots meningslöss och förluster, att vara en dödsdömd människa, eftersom det inte fanns några andra eller majoriteten gjorde som den blev tillsagd. Att göra ett avtryck var lika lätt som bevarandet av andedräkten i rymden. Framstupa läppar, tänkte han, att hon lade sig över eller under, i sidled, en varm, men varm, både utanpå och i synnerhet inuti.

I Stefans block stod efter dagens möda, under rubriken Comment répondre à Moscou? följande: »Du dök upp ur mängden efter att jag suttit där och väntat runt en timme; snart åkte du. Vad mer och annat? Du absorberades av ditt, flott. Jag låg på hotellbritsen igen. Kvällen mörknade och staden pågick. Jag tänkte inget särskilt. Du som måste verka i en annan stadsdel var åter upptagen av egna rutiner, utmärkt nog. Jag lämnar åt dig att fullborda förstöringen eller restaureringen av ditt liv. Du säger att du är en omstörtande idealist. Så vårdslös är inte jag. Du säger att jag ständigt glider undan, när jag kom för att besöka ett förmak, inte glana på monumenten. Jag åker tillbaka till Farol nu, vill bara säga att du tids nog kommer att bli en perfekt lissabonsk matrona. Här har jag inte mycket att bygga eller rasera och bryter därför upp. Jag kom hit för att undersöka om jag tvärt emot mot vad det gick att förvänta sig kunde betyda en aning för Lissabon, jordskredet, tsunamin eller dig. Bra med ett så tydligt resultat av besöket, så som jag tolkar det, och – med dina egna ord – utan ytterligare illusioner. Du får väl finna personer som är mera lika dig själv istället och med högst desamma försöka leva den sortens 'revolution' som du ofrivilligt komiskt kallar det borgerliga salongsliv du tycks predisponerad för. Detta om tålamod och värderingar«.

Jan hade under samma tidrymd påbörjat en hatisk studie om jyckarna i Olhão. Han hade inget mer förmildrande att säga om dem än att de bidragit till att hålla turisterna borta. De var hundlika, naturligt nog, vill säga tämligen människolika. De till och med drömde tydligen som människor, blev galna på kuppen och sörjde ihjäl sig ungefär som människor, vilket ävenledes var lika förkastligt eftersom människolikt. De gick i flock, slickade uppåt och sparkade nedåt, revirpinkade sig framåt, bakåt och i sidled i tillvaron, var med få undantag hiskeligt fula, frånstötande, förutsägbara kopior av varandra, inställsamma kuggar i samhällsmaskineriet och råkade de spy var de raska med att sätta i sig alltsammans från trottoaren, igen, som rörde det sig om delikatesser, eller satt tålmodigt utanför staden och väntade under vart avträde på att få glufsa i sig vad människobarnen just pressat i dagen ur sina stinkande tarmar.

Olhão hade uppstått på grund av sardinfisket, ett som nästan tagit slut och aldrig skulle komma tillbaka som i fornstora dagar. Men också utfiskningen var en anledning till att turistinvasionen uteblev: fattigdomen, förfallet, utrotningen och det skabbigt döende som så superbt inkarnerades av stadens alla på dagen i görligaste mån sovande och kraftansamlande, men på kvällar och nätter i hopar fräckt skällande och ylande anhang av lömska byrackor som drog omkring och störde fredliga flanörer, invånare som endera råkade snubbla på dem, oprovocerat attackerades och blev bitna eller helt enkelt trötta på sakernas tillstånd tog saken i egna händer och såg till att hundarna här och där ändå faktiskt försvann från gator och torg, bara för att inom kort ersättas av nya, lika herrelösa och skabbiga exemplar med samma beteende, en idioti som inte skulle upphöra förrän det inte fanns några människor mer, alternativt för egen del att han själv åtminstone äntligen slapp tvingas omkring ytterligare i Olhão, hanns upp eller lönlöst trummade på.

Ikväll hade de för att slutligen få tyst på Ennanis far tagit med sig varsin volym för inbindning, Stefan ett urval av Mallarmés dikter i en tunn jugendsnirklig utgåva, Jan Penguins massiva pocketversion av Joyce Ulysses.

Fadern tinade upp på stubinen, trycke högtidligt böckerna till sitt bröst och höll dem kvar där. Så såg han flyktigt på Stefan och dröjande och med omisskännligt välbehag på Jan, samtidigt som maten för första gången visade sig bestå av en av de 365 recept på bacalhao som varje portugisisk husmor värd namnet enligt ett bevingat och till leda upprepat uttryck borde kunna laga till för att ha uppfyllt sin äktenskapliga bestämmelse. Fisken var på tok för hårt lutad, nästan träig och ännu klart basisk, så de båda nordborna – som inte förutsattes känna till klipp- eller lutfisk – måste anstränga sig för att alls få ned de dyrbara strimlor som Joaquim till ingen nytta puttrat i en tomatsås med gröna ärtor och lök.

Så snart det så utdraget aviserade överlämnandet av volymer till bokbindaren var ett faktum tyckte både Jan och Stefan att attityden gentemot dem radikalt hade förändrats, med utgångspunkt i faderns andaktsfullt partiska blick nyss och med blixtsnabb spridningseffekt, närmare bestämt så att Stefans karathalt från och med nu allra högst korresponderade mot det blygsamma antalet glest satta kattguldssidor i Mallarméutgåvan han lovats få inbunden, medan Jan på motsvarande sätt med omedelbar verkan upplevde ett enormt ökat anseende som varelse överhuvudtaget, och hädanefter permanent, antagligen därför att hans egen till Ennanis far överräckta bok var tio gånger tjockare än Stefans häfte, trots att Jans bok tryckts på tunnaste papper och varje sida proppats full av text, men inte nog därmed, för varken Ennani eller någon av dem han översatte samtalet på tyska för på minsta vis antydde att böckerna blott och bart skulle vara *inköpta, ägda* och *lästa* av de besökande författarna; nej, själva ljudlikheten mellan Stéphane-Stefão respektive James-João tycktes stå som oomkullrunkelig garant för att det givetvis var deras *egenhändigt komponerade* obegripliga alster som härmed hade levererats för inbindning och varför försöka korrigera ett så pass långt gånget missförstånd *först* när det redan var för sent att bringa reda i?

Jan låg i sängen intill Camões. Kattungen vilade parallellt med höften och väggen, på vänster sida, längst från dörren. Handflatan vilade stadigt över den beniga ryggen så att Camões åtminstone inledningsvis höll sig på plats. Just innan Jan somnade såg han restauranten de nyss återvänt från framför sig i mörkret, dess rektangulära låda, vinkelrät och vit som ett modernare konstgalleri, fast bullrigare, ekande, utan spotlights. Skulle han någonsin komma att besöka den igen, åter klara att ta sig in från blåsten och sanden och det kontinuerliga sorlet av vågor som reservationslöst kastade sig rätt in i piren på nytt och på nytt, att få betrakta fiskarna som föreföll att nöja sig med så lite, att ständigt leva ur hand i mun, med enklaste slaget av brännvin, usla teveprogram och en mottagningskvalitet som han aldrig varit med om maken till ens i teves första barndom? Det var en låda som kom till synes, uppifrån, nu folktom, som ett dockskåp eller en arkitektmodell, nej, snarare en leksak i papp ett händigt barn konstruerat, väggar och golv enbart, med taket avlyft, men med möblerna utritade på sina platser, med stambordet särskilt markerat intill kockens serveringslucka och tevemöbeln därnäst i viktighetsgrad utplacerad, så strögästernas bord norrut och skranken eller nästan ishockeysargen eller kalvkättarna till bardiskar för fiskarna att hålla sig till i motsatt riktning. Motsvarade fiskarna ett slags vildkatter på två ben? En ekokammare var restauranten, en munhåla för artikulation av Jan hörde inte så tillförlitligt vilket babbel, ett bräde för schackpjäser att tillfälligtvis flyttas runt på, bönder mest eller identiska dambrickor, kanske snarare hemmagjorda trästycken att mekaniskt skjuta runt, i så fall, en cyklopens och alla andra monsters privata håla, ett stall för människor att tränga ihop sig på för att i görligaste mån gömma sig undan för vinden, kvällen, mörkret och själva det faktum att de befann sig utkastade på eller släppta ned i en tillfällig sandhög mitt ute i ett hav som dygn för dygn, från gryning till skymning och åter fram till gryningen igen, så länge de varade, brydde sig om dem lika obetydligt som den gränslösa rymden över deras vårtiga huvuden gjorde.

Det var stjärnklart ikväll, så de hann räkna till åtta stjärnfall enbart på sträckan från restauranten och tillbaka till huset, sju gulvita, mindre inom kort uppbrunna och ett avsevärt större och längre varande som stack till åt det grönare hållet. Hur många av de tusentals för blotta ögat synliga stjärnorna syntes i natt?

Svept i sin sarong till pyjamas kom Stefan att tänka på flygplanen där ute, där uppe, som ännu närmade sig kusten med sin utsida av glatt metall och sitt innehåll av förväntan, sina svår- eller lättillfredsställda krav, med sin last av unga semestrare huller om buller med luttrade pensionärer som avsiktligt önskade återvända till samma plats och bekanta inrättningar år efter år. Charterflygplanen som aldrig flög rätt över ön, som han därför knappast märkte mitt på dagen, men som han nu instängd i sovskrubben, utan att se ens handen framför sig, ofta erinrades och slogs av innan han somnade. Det var särskilt inflygningsfasen som gjorde sig påmind, då jetplanen i en vid båge måste ta omvägen ut över havet för att så kunna närma sig Faro rakt söderifrån och med vingarnas varningsljus pulserande sänka sig ned mot flygplatsens asfaltsraka strax norr om distriktshuvudstaden. I tre dimensioner blinkade luftskeppen i rödgrönt mellan vingspetsarna, arvtagare till fartygen som de var, föll in mot Algarvekusten med sin nöjeslystna, solhungrande, dansanta, festfixerade eller likgiltiga last. Svallvis kom de, ett slags luftens motsvarigheter till de brottsjöar som slängde sig mot Farol, i alla fall när trafiken var som intensivast, då de med så lite som fem minuters intervall gled ned mot landningsbanan i mörkret, tickande fram sitt besked om att lasten bestod av levande material, att det handlade om civil transport, en industri som varje kväll och dag veckan in och ut året runt, i våg efter våg svepte ned mot betongens prolog och applåder bara för att inom en vecka eller högst två vråla sig tillbaka upp i luften igen. De föll och lyfte, badade, golfade, älskade, grälade, söp, dalade och steg i takt med hans andetag och dirrande ögonlock, ville varken krocka eller skjutas i sank, metallkors tickande fram över havsytan utanför, alldeles bortanför fotändan hans, någonstans ett par kilometer söder om fötterna nu i denna utrinnande allt mer ofokuserade insomningsstund omöjliga att skilja från vågornas svall.

Jan var tillbaka från provianteringsturen i Olhão. Han hade utverkat bådas brev:
   – Bland annat flera från Ana Christina.
   – Tack. Själv då?
   – I don't have that much to add.
   – Nähä du.
   – Got three even.
   – Från Sverige antar jag? Du säger aldrig något om din korrespondens.
   – Ett är från min syster.
   – Har du *en syster?*
   – Mellan mig och Saturnus, ett par stycken.
   – Och vad gör den här brevsystern?
   – Målar.
   – Plankstrykare?
   – Artist.
   – Också jag fick tidigare ett brev från min syster faktiskt.
   – Har *du* en syster?

– Och mat och sprit fick du tag på som vanligt?

– Kassarna fulla.

– Och Stickan?

– I praktslag. Den unge Marcel var förresten åter där med sin mor, omgiven av filistrar och ignoranter, och Hölderlin sjöng utan att pladdrarna hörde honom i det ojämlika försöket att överrösta omvärlden i form av ett teveinslag från en fotbollsmatch.

– Tänk att de mangrant ska hålla fåglar i pyttesmå burar här på krogarna, för att inte tala om att till på köpet städsla jyckar som dörrvaktare! utbrast Stefan.

– Det är väl inte så tokigt, Olhão, egentligen, även om smärre inadvertenser är legio, men man gör vad man kan för att inte i onödan incomodera eventuella gäster, alla aparta få. Gudarna ska veta att det inte är så tyst som det borde, aber …

– Incomodera? Det där är inget svenskt ord.

– Men jag *använde* det ju nyss på svenska! insisterade Jan.

– Kanske lika bra att vi går över till latin direkt.

– Människan, med sitt paddansikte …

– Och jycken min då?

– Adopterad av byfånen själv!

– Lite detaljer!

– Illmarigt kröp byfånen fram nere vid saluhallen, ut mot burkfabriksstanken till, med ett par håliga kalsonger trädda över skallen och en sjuåtta vidriga rackor i släptåg, den ena mer flintis än den andra, och främst av dem, som högst och möjligen även tyngst, travade ingen annan än din fullkomligt egna käraste schäfer!

– Då kanske jag äntligen vågar mig in igen, nu när jag slipper föräldraansvaret och salighetsgarantibeviset och–

– Byfånen ombesörjer att jyckarna får allt de behöver av det du saknar som människa!

– Glädjande, men tillbaks till det mindre belysta faktum att du utgör en del av en hel syskonflock. Kanske du också förfogar över ett fotbollslag med bröder?

– Det har i så fall undgått mig.

– Och var i syskonskaran råkar du vara placerad, med eller utan sko-
horn och mikrometerskruv, om jag får vara så ofin att undra?

– Du kommer inte ihåg vad vi faktiskt redan har konstaterat, men jag
är yngst och artisten äldst.

– Jag har länge velat fråga mer om det tyskbaltiska.

– Och jag har som sagt till fyllest svarat med en finlandssvensk analogi.
Det tyska blev efter 45 negativt laddat, fast man tidigare i högsta grad
både betonat kulturarvets kreativa och statusmässiga betydelse. Plötsligt
skulle en sådan bakgrund förnekas eller i alla fall väsentligt förminskas,
inklusive i exilen, vilket är det som jag känner till. Du kan även tänka
på judar från Central- och Östeuropa och vad de ofta gjorde med sina
tyskklingande namn i Palestina, och så vidare.

– Fast alla dessa utom finnarna aktivt sökte sig iväg till nya länder.
Ungefär som min far, fast han var ensamseglare och behöll namnet.

– Ankomsten till Sverige 44 var ett sätt att oförhappandes undkomma
fienden, men konsekvenser för självbilden fick den.

– Ens bakgrund är ingenting för evigt givet.

– Att slippa veta tycks för en del viktigast, för andra att det som förlo-
rats är icke utbytbart. I somligas fall resulterar de nya omständigheterna
i rastlöst pulserande verksamhet, alternativt stumhet och nedsänkande i
självförebråelsens värsta limpanna. Plötsligt lösgör sig ur krackeleringen
det sist tillkomna.

När Stefan i ett extra långvarigt bakrus inte kom på något bättre fanti-
serade han om hur det måste ha stormat som värst långt innan ön var
bebodd: så snart solen steg upp över sandrevet ökade vinden i så fall från
styvaste kuling till storm och från full storm till tvättäkta orkan. Vågorna
inte bara växte sig högre, vitbrämade och bruna, fulla av hopsläpad sand,
utan inbördes efter vart alltmer olika i storlek, kraschande på varandra.
Himlen måste ha förblivit oföränderligt urangrå denna tumultuariska
fantasidag, för solen skulle hålla sig dold mellan trasor av violettsvarta
snabbt förbiilande småmoln mot den större fonden av mer anonyma eller

homogena molnformationer. Inte en droppe regn tilläts att falla, så att det enda som hördes var vindens raseri och vågorna som utan andhämtningspaus ansatte det enbart av insekter, spindlar och fåglar bebodda skäret, slog in långt på land, skar av ön på tvären och delade upp återstoden i en serie fuktiga sandlådor, en hel liten skärgård av dem, slungade sig vidare fram och tillbaka, krossade sig mot de enstaka stenbumlingar som stuckit upp och tvingades att på sin höjd mot dem något ändra riktning och mattas, utan att de efterföljande vågorna för den sakens skull på minsta vis tog notis eller lärde sig något på kuppen, endast fullföljde att ansätta ön och dess omänskliga invånare. Myrorna behagade inte visa sig alls och undgick på så vis initiala skador på sina utgrävda, torra, luftiga, välskötta, underjordiska hem, men i takt med att stormen gick över i orkanstyrka och vattnet fortsatte stiga dränktes de utan undantag nere i sina sinnrikt sammansatta salar. Slutligen föll den dolda solen under synranden, blev borta igen, markerande att ännu ett dygn hade gått, ett under vilket nästan inte en enda varelse tagit sig något före annat än att förgäves ha försökt rädda sig undan, knappt ens fåglarna gått upp i luften, bara vågor och salt och sand och vind som tumlat runt inbördes, mätt sina krafter, spillt sina energier till ingen nytta, för att slutligen ha ebbat ut alldeles och gått över i något annat som överhuvudtaget inte syntes i mörkret.

Stefan skulle ha velat vara med då, en sådan folktom dag, långt hellre än att bemöda sig om att sitta upprätt där i betongsoffan och plågas av lika portioner huvudvärk och självförakt, men hade han nu inte faktiskt, genom att dröja kvar inomhus och pröva att skriva istället för att ta en promenad eller ägna sig åt något radikalt artskilt, varit med om en så storstilad storm att han till och med kände sig en aning på bättringsvägen, i alla fall jämfört med att ytterligare fördjupa sig i spekulationer angående Ana Christinas päronformade skinkor? Om hennes rumpa trots allt visat sig vara förhållandevis massiv redan vid 20 års ålder, hur skulle det då vara att befinna sig bak samma vidöppna skrevande bakvagn om 20 år? Att ha ett väl tilltaget akterstycke var inget katastrofalt – Stefan insåg det, hans egna knäskålar stack exempelvis ut på ett anmärkningsvärt sätt och hur påfallande var förresten inte skomakartummen? – men Ana Christinas rumpa var monterad på en spädare överkropp och hur skulle inte ett sådant säte efter vart tillväxa i makt och myndighet på torsons bekostnad?

En enda gång till fördes ämnet vänskap på tal. Vad var vänskap och varför blev just *de två* goda vänner? Var det för att de uppfattade sig som akut ensamma som de kallade sig vänner (men ensamma var som bekant alla människor)? Var det för att var och en av dem, innesluten i sin noga garderade avskildhet, ändå visste att han hade ensamheten gemensam, tillsammans, sida vid sida, på delning, därvidlag så tydligt utgörande en varandra speglande duo, åtminstone nu på Farol, inför fiskarna, men knappast någon annanstans och allra minst där hemma? Var det för att bägge lät den andre förbli något för sig självt, separerat, samtidigt som de likväl ledsagade varandra på så vis att vardera personen uppfattade sig som ett milt ordnande väsen visavi den andres tappade ansiktes svävande tyngdlöshet och veritabla kaos blandat med – på yngre människors manér – teatraliska vantrivsel, snarstuckna bitterhet och noli-me-tangere-attityd? Eller var det – som Stefan trodde – för att det inte fanns något som hette vänskap som de var pseudo-vänner, parallelliteter, därför att båda insåg att så var fallet? Eller var det – som Jan menade – tvärtom för att ingen av dem fullt ut begrep vänskapens omöjlighet som de kunde framhärda i att till vardags kalla sig nästan vänner? Vem var skyggast, svartast, mest instängd, uppblåst, akterseglad och obildbar?

När det stormade på riktigt och Jan av den orsaken hoppade över löpturen och med en känsla av platt fall istället satt inne och drack, då föreställde han sig för sin del hur det måste komma att storma en dag långt efter det att ön hade befriats från människosläktet: det kromoxidfärgade havet skulle förståss vara upprört, ibland stickande i buteljgrönt, med kritvita toppar, oupphörligt attackerande strandens kaki. Färgkontrasterna var överdrivna, måttlösa. Alla ljusa toner blev mycket svaga nyanser av pastellfärger, medan de mörka stupade mot svart. Det gråa tvingades isär mot sina extrempunkter, nästan som på handkolorerade svartvita foton. Stormen lät som åbäkiga godståg fullastade med till bristningsgränsen staplade stockar, tågset så långa att de aldrig tycktes ta slut. Strandrågens ormar täcktes av vatten som stadigt vällde in över fler och fler fickor av sand. Han tillät en ljustunnel att högst tillfälligt öppna sig över havet, en fana med två ljusare och två mörkare fält, men så slöt sig öppningen nästan genast. Molnansamlingen hade inte det blekaste med talesätt, grammatik eller från en generation till nästa överförda värderingar att göra, utan innebar helt simpelt att det fysiskt fanns expanderande skysvampar som det behagade att med sig själva kvällsbomba ön. Tillfälligt lössläppta från en formlösare bakgrund liknade de molnharar, hydror att glidas förbi under – om det funnits några människor kvar – svarta lättnader för hans fantasi och hämnd och fabuleringsförmåga. Vågor som inget bättre kunde än att välla in över land och att observeras av Ingen trängde sig, knuffades, skyldes. Regnet som repeterade och repeterade men aldrig blev riktigt färdigt. Maneter hade kastats upp i mängder och låg försmäktande längs stranden. Det blev kväll och natt i stormens liv, en följd av tryckförändringar som det ingenting fanns att göra åt. Vågor riste, ändrade riktning, krockade. Vinden packade skummet tätt i ett fåtal skrymslen, tills det enda som lyste i natten var stormens allt hårdare kärnade och uppfångade äggvitevisp. En ö som en gång höjt sig någon meter upp över ytan men just idag genom en havsbävnings svallvåg fick finna sig i att bli dränkt tvärs över samma futtiga flaga som tillfälligt och fåfängt hade förelegat ett antal år, men som nu revs bort och förenade sig med hela den salta samlade havssvett som ytterst var jordklotets snuva, världens kloak, de ackumulerade kroppsvätskor som blivit över efter det att människan inte en sekund för tidigt äntligen behagat försvinna.

När den imaginära stormen så – som Jan föreställde sig landskapet – efter en vecka slutligen lade sig, utan att den reella stormen visade minsta tecken på att mattas, då stack fem centimeter gulvit strandsand med två rosaaktiga stenar upp. Bråkdelen var vad som ännu blottades i det konturlösa havsdunklet, men en sådan förtjänstfull tomhet krävde inga kompletteringar. Det hade åter blivit tyst, fast bristen på ljud inte heller efterfrågade den minsta komplimang, odlade inga åsikter, smidde inga planer, saknade förväntningar, utdelade inga njurslag. Ett kräkmedel hade intagits, förvisso, vänt ön ut och in. En ömage hade minutiöst borstats, dess tarminnehåll spridits ut och författaren själv var visserligen fortfarande orolig för efter-världen, men kände sig aningen lättad, eller, författandet självt kunde omöj-ligt tveka inför en framkomst och ett återställande som var skriften egal.

Jan hade för tredje gången varit ute med Gomes och dragit upp småfisk och räkor till mestadels husbehov. Om Jan begrep rätt hade fyrmästaren i egen hög person till och med lovat visa honom fyrens sköra och på kullager runt lampans inte längre – som tänkt var – nästan friktionsfritt snurrande system av spegelglas. Hela innanmätet var tydligen i akut be-hov av renovering, allt enligt den förvaltare och väktare och ljusgarantist som ingen annan än den hitintills undflyende gestalt som fyrmästaren utgjorde. Med Gomes hade Jan efter lunch tittat inom restauranten för att ta sig ett par glas och som ett slags tilltugg peta i sig av de små, i okokt skick gröngråa, på tvären randiga räkor som på Farol alltid åts med skalen på, och som de fått kokade av Joaquim. Där, i samma lokal, hade de stött på två unga kanadensiskor. Stefan trodde inte sina öron.

– Kanadensiska *tjejer?* På Farol?

– Som sagt två. De kollade in om det fanns någonstans att bo, eller eventuellt om det ännu gick att tälta nere på stranden?

– Du bjöd väl in dem?

– Jag snackade inte med dem alls, annat än att jag fick assistera Ennani med översättningen.

– Men de skulle kunna bo med oss!

– *Här?*

– Jag har inte sagt att de omedelbart ska värma upp mina lakan.

– Som i Kafkarummet?

– Men vi har ju ett extra litet hus på baksidan, vet du väl, som står tomt, som vi aldrig har använt till annat än för stapling av kappsäckarna. De kan bo här hos oss hela resten av hösten, gratis, istället för på en våt och för vindar utsatt strand!

– Det tänkte jag inte på.

– Men vad tänker du på?

– Vi bryter upp rätt omgående och sirenerna har redan färjats tillbaks till Olhão.

– Kanadensiskor!

– Från Quebec, så tvåspråkiga.

– Hur såg de ut om man får fråga?

– Lite väl unga för dig kanske, blonda, animerade, konstnärliga, bohemiska eller till och med lätt dekadenta, med fylliga läppar, smala midjor, långa ben och fasta, för vart steg gungande, parfymerade, putande, toppiga, klotrunda, höga och behåbefriade mjölkvita bröst, hallonförsedda, tunga av honung.

– Du är för fan inte klok!

– Keep airly hores and the worm is yores. Och Kafkarum har jag fått nog av!

– Du hade inte behövt bo i det kafkaeska ens den där udda natten i Tavira! Jag vet inte varför du insisterade på att vi skulle dra lott om vem som fick ensamrätten till att sussa i det enda dubbelrum de hyrde ut – och så vann jag – när du mycket väl kunde ha tagit den andra sängen! Pottor fanns det till och med två av, i vardera nattduksbordet, till och med askkoppar av snäckskal, som du ju samlar på, och mörkläggande gardiner, men som ersättning fick du alltså nöja dig med att vanmäktigt »vila« i det där allmänna genomgångsrummet till korridor. Du som har så till den grad svårt att sova och är så lättväckt! Ändå föredrog du en mindre järnvägsterminal på gnisslande hjul besökt av okända handelsresande hela natten igenom! Du kunde lika gärna ha rullat ut spikmattan på Stora torget eller ha bjudit in de montrealska skönheterna som du väl garanterat har formulerat fram för att plåga mig med!

– Fråga Ennani får du se!

– Och det tror du jag är så dum att jag gör va?

– Fråga Ennani när de åkte tillbaks!

– I helvete!

Vad var det för ett plötsligt besked?

Stefan vaknade i gryningen av ett försiktigt tassande, fast mjukare, liksom sisandet av något just anlänt.

Avklädda kanadensiskor?

Desorienterat steg han ur sängen, öppnade dörren till vardagsrummet och konstaterade att det regnade tvärs igenom taket.

– Janne, för fan, syndafloden!

Han sprang till köket efter så många kastruller som möjligt och började placera ut dem i vardagsrummet när Jan med en lika groggy Camões i släptåg klev ut i gryningsljuset. Båda rusade utan vidare parlamenterande fram och tillbaka mellan köket och vardagsrummet och försökte så träff-säkert som möjligt att fånga upp de lokala vattenfall där hällregnet extra magnifikt genomträngde taket och snabbt spred expanderande pölar på golvet. Camões däremot tog det makligare, endast passade på att lapa i sig lite vatten och trippade åter till Jans sovrum.

Efter att ha öppnat alla skåp i jakten på kärl, slutligen till och med plockat fram grytlock och kaffekoppar, fann Jan också olivoljeflaskan som inköptes på Associationen, vid den tidpunkt de ännu trodde sig om att laga lunchmat. Enlitersflaskan var visserligen öppnad, men volymen närmast som i oöppnat skick. Här seglade en grumlig förorening som tjocknat och liknade vitt klister mitt i det gröngula flytande fettet.

– Vad är det ljusa?

– Ska du diskutera olivoljekvalité när hela världen håller på att sväm-mas över? Det är inte Toscanas beryktade kullar vi befinner oss på! Inte Kanaans heller. De finns inte längre! Snabba på nu med byttor, Noah, annars får vi bygga en ark! Du är världens – ska vi tro GT – förste fyllerist och namnet förpliktigar!

Taket rätt över sovcellerna tycktes egendomligt nog hålla tätt, medan väggarna i Jans arbetsrum fick finna sig i att hädanefter drypa av väta som särskilt åt öst ryckvis forsade ned längsmed rappningen och sakta men säkert i fallet utför drog med sig små mängder vitt pigment.

Rasande skyndade Stefan med resejackans huva uppfälld till restauranten för att berätta om det värsta uthyrningsskoj han hört talas om, osäker på om någon var där så tidigt på dagen, men dörren befanns i alla fall vara olåst. Den första syn som mötte honom var Ennanis späde son som förnöjt

satt och plaskade naken i en uppblåsbar barnpool av blank röd plast, gott
och väl halvfylld av de droppar från taket som föll långt ymnigare här
än i huset Stefan kom från. Schäfern hade fått en hel spagettikastrull till
dricksvattensskål, men den måste strax tömmas för att inte svämma över
sina bräddar. Joaquim var inte rådvill han heller, utan uppenbarade sig
med en gummiskrapa monterad på ett kvastskaft och började rutinerat,
som om han nästan inte gjort annat i sina dagar, att skjuta vatten från
golvets stenplattor i riktning mot långväggen åt havet till, längsmed vilken
han lagt ut ett batteri av hoprullade skurtrasor.

Ennani var där själv också, kavlugn, som om han precis stigit upp efter
en riktigt stärkande natts sömn. När Stefan, först mållös av förvåning,
äntligen fick fram undringen hur man kunde finna sig i att ha störtregnet
fallande tvärs igenom sina egna byggnader – detta måste väl ändå vara
ett praktexempel på självbedrägeri? – svarade Ennani med den största
naturlighet:

– Så är det hos oss om vintern.

– Men vinter blir det ju *en gång om året*, så vitt jag vet!

– Hos oss varar vintrarna på sin höjd två månader, sen kommer våren
lika snabbt och det är färdigregnat och torrt och fint igen.

Jan fortsatte sitta i sitt arbetsrum om dagen, liksom Stefan i vardags-
rummet. Enda problemet för Jan var att den ansenliga manuskriptbunt
som han stadigt hade bredvid sig till höger om skrivmaskinen reagerade
på den permanent hundraprocentiga luftfuktigheten med att kröka sig
konvext, för att inte tala om bingen med oskrivna papper till vänster. De
oanvända arken drog åt sig så mycket vatten att svärtan på skrivmaski-
nens färgband knappt ville fästa längre.

Dessutom gjorde sig ett annat problem gällande:

– Vad tar vi oss till med Camões när vi reser?

– Han är en som bor vid havet. Camões har blivit en höstkatt och börjat
mogna. Det är lätt att se att det inte ens *är* någon hane, eftersom det inte
finns minsta antydan till testiklar.

– Palperar du hans skrev?

– Om vi fick på honom ett halsband vore det enkelt, sade Jan.

– Du menar …

– Vem som helst kan halas via ett halsband. En fast punkt. Ge mig en fast punkt och jag ska lyfta – eller för den delen sänka – hela världen, inte sant? Dom Felippe säljer oss säkert ett skapligt halsband. Det är oåterkalleligt över på några sekunder. Bara han kommer snabbt under ytan. Men det är klart, under några sekunder, det fåtal sekunder det tar för lungorna att fyllas för gott som gott och väl *under* …

– Ett mindrehetsvansinne.

– Det kommer att funka.

– Det är faktiskt *din* katt som du just nu sitter och verbalt dränker, eller klappar och kuvar!

– Han talar varken svenska eller portugisiska, och tänk på att folk förr alltid sköt sina egna hundar. Många gör det än, och med rätta – det är logiskt – om man inte är så blödig att man inte klarar av det vill säga, men då borde man rimligtvis först ha tänkt sig noga för innan man gick och skaffade sig ett beroende, tiggande husdjur, för krämpor får de, samma som vi själva, med inre organ som kapsejsar och sockersjukar och kräftar ner sig, fast lever väsentligt kortare än vi genomsnittligt är bortskämda med eller dömda till; det gör de *definitivt också!*

– Men så kan du väl inte resonera enkom för att slippa hyckla?

– Lidelsen att säga emot förblir stark och lägg därtill att Camões tills jag dör aldrig kommer att lämna min sida.

– Och *ung* är han därtill, eller hon, inte lastgammal och tärd.

– Preventiva insatser. Över eller under, det är hela skillnaden, grunddistinktionen här i världen. Sluta? Fortsätta? Samma gamla frågor. Samma gamla svar. Det är *det* som är det avgörande spörsmålet – tro mig – att på direkten befinna sig endera fullständigt under isen eller att bortkommet framsläpa sig halkande runt på–

– Hellre döda än låta överleva alltså?

– Du har rätt till en åsikt.

– Men om både olycka och välbefinnande ska botas med undergång, hur ska man då hinna veckla ut en viss litterär problematik?

– Det är bara vi människor som är ordordonnanser, som kan ta med oss andra in i döden, vara förintandets pionjärer, som är ensliga och rymliga tillräckligt, försedda med så väldiga tomrum, som känner ett frätande främlingskap i samhället, som är funtade på *det* viset, *icke*-kroppsligt udda, med ovanliga intressen, som stigmatiserar och stigmatiseras, som tilldelas uppdrag som för det första är förödmjukande och för det andra nästan omöjliga. Men tvivelsutan lider de, kreaturskrabaterna, särskilt de som har vant sig vid oss!

– Så återstår den där kattstollen som aldrig behagar visa sig.

– Första stugan på höger hand nere vid fyren, slog Jan fast.

– Ska du trots allt inte se efter där först?

– Kan pröva. Det är tydligen en tok som tagit sig an katternas sak, fast den är dömd på förhand, som för deras talan här på ön, enligt Gomes, utan att någon har bett honom göra det, en otillräknelig stackare som tillvaratar deras intressen, eller snarare sina egna. Om du tror Camões får det bättre hos token? Tror du verkligen det? Men eftersom djur varken kan ta sig själva på allvar eller av daga, idiotiskt nog, oavsett vilka katastrofer eller övergrepp de utsätts för, så har de ju heller ingen ära att bekymra sig om.

– Vadå ära? Du pratar om agg!

– Kvinnor till exempel, de hade inte heller någon ära att försvara, som bekant, traditionellt, fast de kunde tillintetgöra sig. Jag säger inte att det är fel på dem nödvändigtvis, eller att de ska skymfas, men någon vidare ära kunde de sällan stoltsera med förr.

– Du menar att kvinnor borde gå omkring med lansar och dragna svärd? Det kan i alla fall inte djuren!

– Vad jag hävdar är att bland levande varelser som inte omfattas av äran borde det påträffas en egenartad form av oskuldsfull lycka, en zon av tillfällig okränkbarhet.

– Problemet är väl istället att vi i Sverige av idag enbart har män kvar, två slags vuxna män, givet att kvinnorna hunnit bli män. Jag menar inte att man ska försöka återvända till 1800-talet, då det fanns både kvinnor och män – omöjligheter – men det är nog så att för en författare, bedömt

strängt estetiskt, så är rimligen en värld med *två* poler poetologiskt rikare
än en med en enda.

– Som i Afghanistan?

– Eller säkert ännu *här* nere. Vilket inte behöver betyda att männen
över hela linjen måste befinna sig i överläge. Det kan lika gärna kvin-
norna i så fall vara. Estetiskt och etiskt gör det skillnad, men vad bryr sig
verkligheten om det? Ifall det nu råder en skillnad mellan könen, och det
gör det antagligen igen, fast till kvinnomännens fördel, hävdade Stefan.

– Fördel kvinnorna?

– De är uthålligare, segare, flitigare, noggrannare, mer män än männen,
och sturska i sin segervittring, något mer osjälviska också, generellt.

– De får det som föderskor att fortsätta.

– Allt tar väl förr eller senare slut.

– Men fram till dess.

– Tillbaks till Camões: vilken satans ära?

– Om jag ska säga något personligt, byggt på egna observationer: hos
kvinnor som löper rör sig brösten i alla möjliga riktningar, inte bara upp
och ner.

– Och ballkulorna, vart tar de vägen under skumpande ilutryckningar?

– Mina repliker, old boy, får lille Esteban att känna sig pinsam.

– Med artigheter kommer man ingenstans.

– Blygseln och osäkerheten är ömsesidig.

– Begeistringen och stridsmoralen och–

– Du reagerar som om jag aldrig varit *här* förr, sade Jan.

– Munkavle har du inte.

– Ingen av oss blir klok på hur man ska närma sig och försöka nå fram
till den andre.

– Tror du aldrig det kan vara fördelaktigt att linka på?

– Droppen du vet. Du vill väl inte sluta som Cesare, den i andras infor-
mationsböljor komplett drunknade individen?

– Länge sen jag såg Cesare, konstaterade Stefan.

– Han är kvar och faller fortfarande in i sina vedertagna manér. Jag såg
honom vid lunchtid, nyss, naturligtvis på grund av nyhetssändningen.

– Men hur ska man veta att vi vid ett visst klockslag har fått nog, att det till sist har schackrats nog?

– När en person inte får uttrycka sig längre. När världsbild och identitet börjar lossna i fogarna. När det bara återstår att gömma sig eller ge kampen förlorad, eller snarare när dessa två har flutit samman till ett. När varje vidare kontakt även med den vittförgrenade inanimata verkligheten leder till stagnation, kapitulation och stasis. När den individuella vanmakten inte längre – ens för en enda natt – lyckas beveka omgivningen och tidens framfart. När akuta yrselattacker och total balansrubbning–

– Tror jag har fattat.

– Eller säg det mer specifikt utifrån nuläget: vi rasar omkring med för höga förväntningar, både på andra och oss själva, inte minst, också du, *särskilt* en istadig åsna som du, som aldrig frivilligt öppnar dig eller förstår hur man gör för att fortsätta utvecklas, tillade Jan.

– Men så lyssnar jag inte heller på vad människor säger, snarare på *hur* de talar och tiger, vilka ord eller gester de är offer för, på syntaktisk nivå–

– För en sådan paroxysm kan det knappast inställa sig någon jämvikt mellan krafter och krav. Extrema individualister kan endera vara bekymrade eller plågade, ansatta, berövade sammanhang. Renässansfursten Hamlet var en gång nästan unik; idag har vi hela befolkningar av Hamletar och Ofelior! Sårbarheterna skjuter i höjden, ty mitt i jagstegringen kränks det enda heliga: känslan att upprätta och vidmakthålla ett eget rike, att skapa sig själv, att framhärda värdigt.

– Och *du* anklagar *mig* för att vara fixerad vid det mänskliga! skrek Stefan.

– Jag tänker tvärtom ständigt på det här ynkans huset, murbruket, plankorna, slaviskt, den ödsliga golvytan, på hur byggnaden har det när ingen är hemma.

– Rekapitulera i så fall händelseförloppet!

– Jag ser skuggorna växa och krympa, mössen kila fram och tillbaka, föröka sig, gnaga och ruttna, torka in eller ätas upp av fläskänglar, hur dammet sakta men säkert smeker sig på plats och fylls på med den allra finaste sand som måste leta sig in genom fönstrens springor, hur fyrljuset spelar i natten, fäktar omkring sig i papptaket, oavsett, jungfruligt negligerat, omänskligt om du så föredrar. Huset är så dags tomt, fast det byggts för människor. Det står genomgripande till förfogande just som tomt. Tänk att vara det huset! Eller utanför världen, vädjade Jan.

– Det tror jag är en trasig idé, eller en innebörd helt förborgad, eller inte ett dyft.

– Nu är arkitektur naturligtvis något annat än ord, en byggnad på inget enkelt vis en berättelse.

– Det är den ju visst det, vittnande om en viss byggherres eller epoks preferenser, i sista instans baserat på människokroppens fysionomi och proportioner.

– Vi inte bara bor i hus. De tillhör en universell ordning, som himlakropparna, årstiderna, jordmånen, atmosfärens beskaffenhet. De är en del av en kosmologi. Precis som när någon slutat vara på plats och med sin levande hud släppt ifrån sig fler avflagnade yttersta hudceller, där onekligen mössen huserar, men främst ljus och ljud dominerar, om någon förblindad sett eller döv hade hört, frånvarande *kunde* se och höra, havets avlägsna mjukaste dån, förvisso, men främst solstrimmor och skuggor som smyger sig fram enbart för att regelbundet avlägsna sig igen, det nästan omärkliga tassandet med längre mellanrum av någon förbipasserande sista människosko ute på sandgatan, regnen och vindarna självfallet, men det faktum att byggnaden står upp, i sig självt ljudlöst, att huset inte ger vika och brått faller samman, likväl fungerar som en klanglåda, ett resonansfenomen, något urholkat obebott, en tingens väntan på att mindre få intas än lämnas, på stundens ingivelse, att vi aldrig kommer hit mer, först aldrig satt vår fot här, anat platsens enskildheter, så vistats i huset för jämnan och tids nog rappt har packat oss iväg, åstad, reducerats eller förädlats till minne, nej, omfördelats, bytt ställning, blivit restkemi i neuronerna, i hjärnbarkens mörker bevarat, framskrapningsbart livslångt, omknådat kvar en stump, *där* ibland, med intrycken i sig en stund, husbrus plötsligt konturskarpt och magiskt sprakande, en filial till, ytterligare en avdelning av imaginärt inomhus, ombonat av skallbenet, kraniets järnbur, framtagbart, som kommer störtande, anmäler sig, pockar och glider undan på nytt, sipprar fram och tillbaka omtänkt, igenkänt, överlastat och avklätt, fortfarande ett stycke på väg, det vill säga endast skenbart befinner sig i läge status quo, i realiteten är idel förändringar, fast minimala, successiva, utan undantag pågående, smått, tills ingenting pågår längre, alldeles måste ha upphört.

– Nu ska jag inte störa dig mer.

– Ja, sade Jan efter en paus, eller nej. Allt hålls igång, förlängs skenbart som förr, fast brakar i det långa loppet – ön, medlidandet, infrastrukturen, hela universum – sönder och samman. Då ska jag inte störa er mer.

Man sammanstrålade vid färjeläget. Det hade visat sig vara lika omöjligt att tacka nej till expeditionsdeltagande som att vägra lämna in böcker för bindning. Att även Joaquim blev med på utflykten hade de nog anat, men inte att Ennanis far också måste komma dragande på sin hund. Det var en kortbent vit- och brunstripig livlig bastard med spetshuvud och rött halsband med vassa spikar i. Alla fem, eller sex med hunden, steg ombord, för att fortsätta färden i Ennanis fars i Olhão parkerade bil.

De hade tur med vädret, för himlen var i stunden molnfri och inte blåste det mycket heller.

Väl i land tog de bilen i besiktigande. Det rörde sig om en före detta mintgrön Hillman Minx av årsmodell 1951. Ennani skulle köra; fadern tog den andra platsen fram. Det smala, låga, nedsuttna baksätet delades mellan Joaquims breda bak till vänster, Stefan i mitten och Jan till höger. Efter vissa startsvårigheter kom de iväg. Hunden ville gärna hoppa fram och tillbaka mellan fram- och baksätet och tilläts uppenbarligen göra det, till de utländska gästernas förvåning, inledande skratt och inom kort grämelse. Stefan tyckte sig behöva hålla ena armen permanent för ansiktet för att inte riskera att få spikarna från halsbandet i ögonen.

Så snart man kommit iväg »på färden längs kusten« – något annat mål eller syfte hade inte formulerats – svängde Ennani av västerut mot Faro, »Algarves huvudstad«, där man inom loppet av en knapp halvtimme stannade i centrum och steg av. Fadern, hunden och Joaquim försvann utan förklaring, medan de tre övriga blev stående vid bilen.

Efter några minuter var fadern åter med en uppsättning vykort föreställande ett axplock av stadens större hotell, ja, samtliga vykort avbildade olika nybyggda jättelika hotellkomplex, med namns nämnande. Stolt delade han ut hälften av korten till Jan och hälften till Stefan.

De tackade och frågade sig på svenska vad de skulle göra av så meningslösa presenter.

– Vi måste fortsätta, sade Ennani, men var blev det av Joaquim?

Man väntade och väntade. Till slut frågade Stefan vart de skulle ta vägen vidare. Ingen reagerade, så tunna böcker som han ansågs skriva. Jan ställde samma fråga.

– Nästa anhalt blir antagligen Albufeira, om jag känner far min rätt, ifall han nu inte också ska ha oss inom Vilamoura. Jag utgår från att han så föreslår en tur till Lagos dessutom, om han inte rent av vill köra ända bort till Sagres, för att därmed i ett enda svep ha visat er hela kusten.

Fortfarande syntes ingen Joaquim. Fadern började svära. De stod parkerade bredvid biskopspalatset i Gamla stan, intill den av segelbåtar ännu fulla marinan, med Ennani lutad mot bilens främre stänkskärm, fadern frustrerat stampande fram och tillbaka med hunden, Stefan och Jan stående bredvid Ennani med nollställda ansikten. Båtarna var stora och kom från hela världen, men särskilt engelska och tyska flaggor dominerade. Jan och Stefan hann förlora sig i en diskussion om olika nationsfanors åldrar och – genom diverse revolutioner och ockupationer – förändrade utseenden.

Så dök han omsider upp, kocken, fast överlägset släntrande på ett nytt sätt, med ett uppsluppet hånflin i det svettiga ansiktet och skjortan halvvägs hängande utanför byxlinningen.

De klämde in sig i bilen, på samma platser. Det blev åter besvärligt att starta, men till sist lyckades Ennani.

Jan frågade vad som försinkat Joaquim, eftersom han uppsnappat vad fadern sagt om vådan av att resa med förvuxna barn.

– Han tyckte det var en bra sak att passa på att prova ett nytt horhus, när han ändå var i land. Far min är rasande, så nu hoppar vi gissningsvis över Vilamoura.

Vägen följde kusten. Det var fyra mil till Albufeira. De klippor för vilka Algarve var berömt började dyka upp i blickfånget till vänster, ut mot havet, mellan plättar av sandstrand.

Hunden vägrade att komma till ro, när den inte tillfälligt vilade sig bakom faderns nacke.

Hårdexploaterade områden översållade med vita bungalows avlöstes av golfbanor och höghusbebyggelse, den ena anläggningen en kopia av den föregående.

Till sist blev det dags att äntligen kliva ut igen. Fadern begav sig iväg med den sniffande och svansviftande hunden, medan Joaquim denna gång höll sig kvar med Ennani och gästerna på ännu en parkeringsplats.

Ingen sade något, Joaquim därför att han intensivt erinrade sig det brutala samlaget nyss, Stefan därför att han visste att ingen annan än Jan skulle komma att lyssna, oavsett vad han yttrade, Jan därför att han med avstamp i Odysséen funderade på att addera en mytologisk dimension till en viss scen i romanen under arbete – den han ville skulle tilldra sig i ett icke namngivet Olhão – och Ennani därför att han var utmattad av att agera simultantolk och därmed, indirekt, såsom kommunikationsnav, också måste verka som något slags underförstådd och osynliggjord permanent diplomat, förutom att han just denna dag ävenledes tvingades agera chaufför.

När fadern kom tillbaka var det med nya vykort, exakt samma antal, fyra per man, av nya kolossalhotells monotona balkongfasader.

– Du får fråga Ennani vad farsgubben menar med det här. Det räcker nu.

– Ennani ... Vi förstår att far din är stolt över alla de höga nybyggda hotellen, att det måste ha sett komplett annorlunda ut när han växte upp, att det inte kan vara fråga om annat än gigantinvesteringar och massor av nya arbetstillfällen, men vad ska vi göra med de här för oss mindre behövliga vykorten? Han behöver inte köpa ännu fler!

– Jag ska säga det till honom. Pausar vi här och tittar lite närmare på byggnaderna eller tar något att dricka eller vill ni först fortsätta till Portimão?

– Vi kan gärna promenera och se oss omkring istället för att bara sitta packade inuti bilen.

De gick ned mot stranden. Otaliga europeiska charterbolag fraktade sina kunder hit. Så långt ögat nådde förstördes – som Jan och Stefan såg det – strandlinjen av femtonvåningars nybyggda betongvidunder, så fjärran från lugnet på Farol som det var möjligt att komma i Portugal, eller – som fadern nyss hade kallat det – Sportugal. Fadern påstod att de borde sätta sig på en viss servering vars ägare han råkade känna. De gjorde så. Ennani förde på tal den utomordentliga brandy som Stefan berättat att han imponerats av i Lissabon, men poängen var inte kvaliteten utan det skandalösa priset.

– Du blev grundlurad! Det finns ingen cognac i hela världen som kan kosta 180 escudos! Dessa hutlösa cyniska huvudstadskrögare! Nu ska jag bjuda dig på det bästa huset har, så får du bedöma själv!

Medan fadern rastade hunden beställde Ennani fram brandy av bästa märke. Kyparen sköljde fem kupor med varmt vatten, torkade omsorgsfullt av dem och hällde upp. De skålade, doftade, snurrade spriten i kuporna och tog varsin munfull. Brandyn var exemplarisk, utan att dock komma i närheten av den Stefan njutit av i Lissabon.

– Nå vad tycks? Här har vi den dyraste som finns och den kostar inte mer än 80!

– Det är en alldeles utmärkt brandy, Ennani. Tack! Mycket stort tack!

Fadern kom tillbaka med nya vykort. Exakt samma procedur som förra gången utspelades igen.

När också fadern druckit sin brandy och Ennani betalat gick man ut och tittade på räckan av hotell. Här fanns, enligt faderns entusiastiska förmenande, absolut allt som turisten kunde önska sig, inklusive öringodlingar för sportfiske, tennisbanor, golfklubbar, simbassänger, bowlinghallar, anläggningar för lerduveskytte, go-kartkörning, styrketräning, ridturer och vattenskidåkning, syrgastuber och våtdräkter för dykning, samt nät för strandvolleyboll och badminton.

Både Jan och Stefan förnam rent fysiskt att deras roller krympte mer och mer för var minut som gick. Med stela ansikten närmade de sig snabbt det ohållbara.

Efter att ha inspekterat strandgatan fram- och baklänges var de tillbaka vid bilen. Nästan viskande uttalade Ennani, medan han låste upp, ordet »Portimão«.

När samtliga trängt ihop sig igen och Ennani skulle starta gav motorn ifrån sig en serie olycksbringande skrapljud. Den startade inte ens efter sjätte försöket. Hela sällskapet klev ur. Bilen var så gammal att startvev fanns. Utan att Jan eller Stefan sade ett ord – det gjorde inte fadern eller Joaquim heller – började Ennani leta i den överfulla och oljiga bagageluckan. Till slut fann han en lång svart metallpinne med handtag: startveven. Alla fem personer plus hunden ställde sig vid bilens kylare. Ennani gick ned på knä, stack in startveven i det för ändamålet utformade hålet, tog ett gott tag om veven, harklade sig och skulle just till att veva runt kraftfullt, bara för att omedelbart få handtaget i handen, avbrutet. Nästan lättad lät han sig storskrattande falla baklänges mot asfalten. Balanserande på skinkorna, med fötterna i luften, viftade han med det plötsligt så oväntat frigjorda vevhandtaget.

I den nya situationen passade Jan och Stefan på att lika långsamt som bestämt och oåterkalleligt avlägsna sig, utan att kommentarer eller ens ömsesidigt bekräftande sidoblickar behövdes.

– Hur såg själva avskedsscenen ut?

– Camões var naturligtvis skärrad av så många okända artfränder som tryckts samman på ett så begränsat och skarpt urinstinkande utrymme, för kattokens ruckel är på sin höjd en fjärdedel av vå–

– Hur många hade han boende hos sig? avbröt Stefan.

– Om jag får fortsätta?

– Kör!

– Det var väl ett gross därinne. Camões har ju aldrig sett andra katter förr, modern oräknad, men gick kanske därför omgående rakt fram till en rätt bastant vuxen hankatt – en Bébert – som satt upprätt och betraktade nykomlingen, det första han gjorde, och strök sig mot Béberts framsida, på bröstet, bara för att på direkten inkassera en inte så liten rallarsving rätt i fejan, en som fick honom att rulla runt som ett garnnystan, en första konkret korrigering av perspektivet, ett veritabelt faux pas illustrerande utdrivandet ur paradiset – utsatthetens antipod – och övergången till skräckväldets förnedring.

– Du låter nöjd.

– Första ronden gick honom definitivt emot, och så sa jag adjö och lät Camões uppgå i sin nya anonymitet. Farväl Camões. So long! Färdigsparrat för min del. Han är ute ur bilden. Vet sannerligen inte om det var något slags katteri den där token drev, eller om hans främsta fäbless var orientalisk kokkonst. Han verkade i alla fall vara *absolut* off the rocker! A nut-house!

Det var sista gången de kom för att äta på restauranten. Alla var där, väntande, inklusive fiskarna, fyrmästaren, schäfern och Ennanis fru med barn – Cesare hade däremot rest – men ingen av deltagarna på utflykten skulle med ett endaste ord kommentera dess utgång eller hur man lyckades ta sig tillbaka till Farol.

När de gick in i lokalen sade Jan att det egentligen var synd att de redan skulle ge sig av, eftersom han förstod portugisiska bättre för var dag, inklusive nästan allt som sades på nyhetssändningarna.

– *Så* bra?

– Memória prodigiosa.

– Och jag förstår ännu nästan ingenting!

Som en överraskning serverades bläckfisk stuvad i sitt eget bläck, smaksatt med citronsaft, örtkryddor och vitlök, med vitt bröd till. Det var handflatestora exemplar av den tioarmade som hamnat på faten och strax skulle strimlas och försvinna ned i gapet på middagsätarna. Samtliga fastboende – till och med fiskarna – stirrade med ohöljd nyfikenhet på de utländska gästerna. Hur kom de att gripa sig an denna becksvarta anrättning?

Både Jan och Stefan lät sig dock väl smaka och av själva blecket märktes visserligen en viss karakteristisk bouquet, men långt mildare än tungans omedelbara visuella nedsvärtning skulle antyda.

– Det vill säga … Många tror, förklarade Ennani, att blecket ska smaka starkt bara för att färgen är stark, men så smakar det nästan ingenting, men drastiskt är det som sagt utseendemässigt och så mycket kan jag lova som att ni kommer att få vara med om en ny sensation när ni slår läns i morgon bitti!

– Diogenes lär ha avlidit när han försökte äta bläckfisken rå, sade Stefan till ingen särskild.

– Den har rykte om sig att vara segare än kautschuk, men folk i norr tror ju att får smakar ull, tillade Jan.

– Allt beror på tillagning, sort och kockens humör.

– Och inbindningen, hur långt har den fortskridit? Vi vill gärna, *väldans* gärna till och med, hinna få med oss hem våra böcker i ny och varaktigare skepnad!

Ingen svarade på Stefans fråga och utrop, så Jan lade till att de i så fall måste lämna sina adresser, för:

– Vi vill givetvis få tillbaks volymerna, om ni kan skicka dem, i synnerhet nu när de blivit … eller *snart* har gått och blivit genuint inbundna på kuppen!

– Javisst, lämna adresserna!

– Vi kanske skulle betala också, åtminstone portot.

– Lämna adresserna, bad Ennani. Min far är väldigt noga, men fort går det inte.

– Hur tror du att det kommer att arta sig i Marocko? Att lära sig arabiska är lindrigt sagt svårare än att greppa portugisiskan. Bara att korsa Gibraltar sund blir nog ganska …

– Rörigt, allt annat vore en sensation. Inte så lite uppmärksamhet i Tanger gissningsvis. Bondfångarnas julafton antar jag, ögonaböj som båten förtöjt. Lyckas jag etablera mig får jag väl en hel storfamilj eller två på halsen, fixare et consortes som ska ta hand om mig från morgon till kväll, agera brandvägg mellan min frankofona plånbok och resten av samhället. Det första svindlande steget i land å andra sidan … Ett riktningslöst första steg är ju till för att visa om man ännu lever eller inte, om ögonblicket tillhör vakans eller sömnens gebit, framför allt som det handlar om en ny världsdel och ens egen leda vid ritualerna på hemmaplan.

– Hur länge kan du hålla dig kvar? undrade Stefan.

– Inte den blekaste.

– Jag menar … Har du något datum att passa där hemma, eller är det snarare penningpungen och vantrivselfaktorn som bestämmer?

– Har en släktträff strax före jul, sedvanlig ner till brysselkålen och rönnbärsgelén ackompanjerande rumpsteken i brunsås. Det är vad som är inprickat.

– Jag visste inte att du hade ett så aktivt förhållande vare sig till söndagsstekens tillbehör eller din notoriskt baktalade släkt.

– Du vet hur det är.

– Nej, det vet jag faktiskt inte alls.

– Vem har sagt att jag vet vad det är jag meddelar dig? Vad kan man för övrigt inte vänja sig vid?

– Allt, inklusive det som aldrig inträffat.

– Det är min farbror, zoologen i Bergen, som har ett sommarhus utanför Lund, som kallar oss samman. Han är ordförande för Sverigeesternas representation. Och du själv väl åter i Stagolm?

– Måste infinna mig på institutionen först och försöka övertyga handledaren om att jag suttit här nere i mitt anletes svett, lutad över det nya avhandlingskapitlet.

– Och smilfinken Gyllensten?

– Får jag inte träffa. Honom kommer jag aldrig att träffa, eftersom han brevledes låtit meddela att han inte vill veta av ett enda sådant möte, inte inleda någon som helst dialog, som om det endast fanns monologer, vilket han kan ha rätt i, fast jag två gånger ändå råkat stöta på honom nere i källaren. Har jag berättat?

– Första gången i alla fall, när han blev så chockad av att finna sina egna volymer ligga utbredda sida vid sida med Kierkegaards att han flydde till hissen.

– Men i förvirringen råkade vrida nyckeln åt fel håll och utlösa larmet, så att snuten fick göra en blixtutryckning. Sen andra gången var han mer förberedd och började – medan han sneglade så omärkligt som möjligt ned på skrivbordet mitt – att tala i egenskap av medicinare, praktiskt taget självutnämnd företagsdoktor, om arbetsmiljön i de underjordiska

medeltidsvalven, allt medan Börsen rätt ovanför våra skallar slog nya
rekord. Han påstod sig plötsligt vara väldigt angelägen att höra sig för
hur det stod till med den påstått hälsovådliga inandningsluften där nere
i den svala avskildheten fem meter under gatunivån och turistbussarna,
efter restaureringen och utrymningen av de tvåtusen demonterade kakel-
ugnarna, bland dessa gamla staplade damminpyrda luntor och praktverk
och folianter. Och du då, en vacker dag åter, utöver tjocka släkten?

– Måste försöka tjäna mitt uppehälle. Jag funderar på att kolla upp
fyrvakteriet, att jobba ifred någonstans borta på en gudsförgäten ö, utan
tillstymmelse till hjärnbefriade kollegor, i brist på stimulerande sådana,
Norrbotten, Newfoundland – Gobi saknar väl fyrar – få pröjs och ändå
kunna koncentrera mig på att permanent knuffa runt med orden, att ur
verklighetens skriftlösa detaljmyller hämta hem ett par mödosamt ned-
plitade observationer omsatta till litteratur. Vad vet jag?

– Men är inte fyrarna automatiserade nuförtiden, uppe i Svedala?

– Precis vad som måste kollas upp – sailing across the restless ocean – så
i bästa fall ta med sig ett par konserver, buteljer och volymerna, manus
och skrivmaskinen och så sitta i höststormen ute på Nordvalen, Storjung-
frun, Eggegrund, Örskär, Söderarm eller i splendid isolation ända ute på
Svenska Högarna!

– Det är antagligen Sjöfartsverket du får vända dig till, trodde Stefan.

– Sitta där i stormen när sjöarna brakar rätt in i stålkonstruktionens ...

– Finns det ingen annanstans du kunde få bättre användning för dina
språkkunskaper?

– Själva glödlampan omgiven av den avancerade, absolut fettfria upp-
sättningen med speglar som ska sprida ljuset maximalt. Sammansvetsade
stålsektioner som lätt men dovt dallrar till och svänger just som det börjar
snöa större fjärilar till flingor som i alla riktningar dalar bort i kvällen.
Där sitter jag i flimret från nederst i basen till den smalare utsiktstoppen,
en gammal sjöbjörn, snart en så ärrad marulk som någonsin har dragit
på sig ett oljeställ med sydväst, och det vore väl inte så illa?

– Fast har du inte pratat om lokförare också, att de behövdes så pass att
man fick full betalning under utbildningstiden?

– Hit Sweden then, that vast northern kingdom of perpetual ice!

– Och det skrivna? Vad tycker du?

– A true little gem this island. Clearly enjoyable.

– Nej, jag menar … Själv har jag inte lyckats åstadkomma mycket mer än … Eller kanske det är ännu uslare än jag i grund och botten faktiskt hunnit fatta. Men du? Är du nöjd med vad du fått uträttat på pappret?

– With a bit of patience and insistance on your part, I'm quite convinced that–

– Nej-nej! Var inte purken, men jag frågar om *ditt!*

– Att prata sönder det som växer? Att kväsa orden med ord?

– Är du rädd nu?

– Du tycks tro på klyschan att författare är verbala leverantörer, som om det vore *därför* de blev författare, när det snarare är tvärtom, för att det är *vi* som är allra klantigast på att göra reda för vad det är vi dagligen håller på med, vilka *vi är*, hur *världen* ytterst är beskaffad, och följaktligen insisterar – om på något alls – att få fortsätta stå inbitet handfallna!

– Vad fan ska jag säga? Att ibererna var ett slags berber, alternativt kelter?

Jan tittade en stund i riktning mot Stefan, men utan att få syn på honom. Ögonen var visserligen vidöppna, men de fokuserade på ingenting särskilt, förblev otillgängliga.

– I've remained mired in obsessively carnal and faecel loops failing to take wing. The whole shebang … Trying to publish under such circumstances would be mudness in my opinion. Perhaps I'll change my mind as time goes by, or just leave it there as a road kill to be used as a quarry for future projects.

– Visst kan konsten tyckas förkastlig, om inte verksamheten i sig själv så i alla fall cirkusen ikring, mekanismernas förutsägbarhet och apparatens inbyggda flaskhalsar, men vad är väl inte *det* i så fall, och mycket mer, i jämförelse med den självövervinnelse som …

– Andra bygger staket runt sin trädgård och säger att där inne sköter de sitt, sade Jan.

– Sådana sävligheter finns knappast längre. Inte ens en riktigt gammal hederlig fäsör kan snokas upp.

– Man kan lika gärna låta bli att försöka begripa sig på människorna, eftersom det ändå inte går att fatta deras agerande. Jag ser dem ibland kasta sig utför stup, tusentals, till synes helt frivilligt, efter varandra, av inget skäl alls eller åtminstone utan chans för mig att förstå. Jag har sett dem gå i taket för en mygga och inte reagera överhuvudtaget på trafikolyckor med dödlig utgång alldeles intill. Anstränger man sig att klura ut vad de lär hitta på härnäst hamnar man bara i ett moras. Tro mig, bättre att avstå helt. Det enda man kan pröva är att ignorera dem, fast det inte sällan är mäkta svårt.

– Den livsstil jag ser omkring mig numera är profitörens, createurernas, så kallade, som de facto är mediala rännskitörer. Här gäller det att göra sig i bikini och massfabricera falukorv. En planet full av hästtjuvar, glanskastare arrenderade.

– Då får du tänka på att för hundra år sedan kunde man köpa sig ett litet hus för en genomsnittlig romanintäkt, idag räcker den till ett par vinare, till tre-fyra för avslappningen nödvändiga budgetvinare. För 50 år sen – före antibiotikan – blev folk inte sjukskrivna förrän de fått lunginflammation eller brutit benet, inom kort för att de konsumerar mer än de har råd med eller är missnöjda med formen på sina lår.

– Vad har det med saken att göra? undrade Stefan. Gemene man har aldrig förstått sig på subtiliteter.

– Smältmästarna, bälgmakarna, malmslagarna, riktiga yrken, till och med en chaufför, en servitör, en hederlig gammal fäsör, som du sa, en lukratör, en lantman, en handelsman, en vandringsman. Lurar jag dig den här gången lurar du mig nästa gång vi möts, värre är det inte, bara pengar, svirigheter och ... Gästgivare, tunnbindare, klockare, hatt- och possementmakare, yrken som idag på sin höjd existerar på Operan. Men hur många bidrar med något *väsentligt?* Vi har en deodorantisk befolkning, prisrallyvädrande, en halv planet full av dem, av det vedertagna, fast inte längre några rapsoder, kobsarer, guslarer, utan proppat med hönstjuvar – du också! – glanskastare, ytterligare ett batteri konstnärer, inhyrda, horder av kids som helst av allt vill bli konstnärer! Snart kanske hela populationer som på pricken liknar oss två trängs på Farol!

Nej, de armlösa har renaste händerna och de blinda ser bäst.

De tog avsked av ön på olika vis, var och en för sig, Jan genom att springa
en sista runda, Stefan genom att långsamt ströva omkring i själva fiskeläget med den medhavda kamera han aldrig hade använt och till sist ändå
tänkte låta förbli lika oanvänd.

Han stod på de mer än till hälften igensopade stenplattor som tycktes
vilja meddela sig med honom, som om han lyssnade noga ingav honom
föreställningen att just dessa i en rad utlagda och av den allra finkornigaste sand nästan täckta stenytor under plastskorna bokstavligen viskade
att minnena så snart han lämnat platsen ofrånkomligen, på motsvarande
fram- och tillbakablåsande vis, måste börja naggas i kanten och strykas
ut. Utan återvändo skulle i så fall glömskan, nej, själva erinringsakten, det
nedärvda behovet att tycka sig ha en egen biografi eller det för överlevnaden trängande kravet att successivt upprätta och underhålla en medveten
identitet; allt sådant sammantaget skulle garantera att de till Farol endemiskt hörande intryck som fortfarande i form av konturskarpa skurar
av sinnesförnimmelser blåste in över hans organism och som adekvat
tolkade bar honom vidare framåt på ön, som alltjämt tillfogades hjärnan
att bearbeta ett visst antal timmar till, ett tuppfjät i evigheten förvisso,
men trots allt en tidrymd under vilken kroppen kom att genomgå otaliga
förvandlingar – precis som sandrevlarna mellan Farol och Olhão ständigt
modifierades av havsströmmar, tidvatten och båttrafik – somliga irreversibla, andra banalast tänkbara periodiska repetitioner och harmlösa
cykler, tillsammans bildande vad han kunde uppfatta som en kortare
promenad vittnande om ett medelhavslandskap i vinterskrud en sen eftermiddag, om pinjer som tappade varje tillstymmelse till färg, om betong
som försvann ut i ingenting, gick rätt ut i havet eller bara upplöstes i
tomma luften, om en barskrapad ö utan höjd, om karakteristiska tångdofter i varierande stadier av uttorkning och förruttnelse och inte minst
ett förunderligt ljus, men som inom kort alltså skulle undermineras och
pö om pö förlora i pregnans och inte längre kontinuerligt bära vittnesbörd om specifika nya varandra ersättande fysiska sensationer, förment
autentiska rapporter från ett verkligheternas Algarve, från en era i livet
när han ännu tillsammans med en annan person, en vän, kunde dra sig

undan ett helt kvartal för att försöka ta sig om möjligt en smula samman eller definitivt ge efter för impulsen att flyta passivt, att börja bli ett plankton, att insistera på att släppa taget och sugas ned mot en mer grundläggande fond av tomhet, tystnad och mörker, från en fas i hans resande som undan för undan måste blandas samman med andra resor, egna och andras, rätt och slätt berättelser och läsningar, vill säga tydliggörande övergången från att främst vara utrustad med ett yttre tunt och först mjukt skal till att snarare komma att förvandlas till en enda inre ständigt alltmer förkalkad expanderande labyrintiskt uppbyggd ekokammare, hans egen skräddarsydda sarkofag, på så vis genom neuronernas inbördes samspel och konkurrens förflyttad från dagsljusets domän av exponerad hud till begreppsklyvningens och formuleringsknådandets solbefriade rike av idel vilja och inte kunna, men icke desto mindre hägrande löfte om framtida varaktiga formlers ristande. Detta låg i ena vågskålen och i den andra, som en lika tänkbar möjlighet, perioder då han i värsta fall genom kompromissens, feghetens och letargins allmakt inte under några omständigheter på motsvarande vis kanske kom att kunna avvika och vikariera för sig själv, såsom evig student, ta sig bort, ställa sig vid sidan av, ytterligare skjutas upp, utan måhända till och med aktivt tvingades att skaffa sig en position att bevaka, ett på gott och ont halvt förvärvat eller inbillat eget territorium, första bästa krafs att genast omdöpa till väsentligheter och livsluft att förgylla och förfula, en avskyvärd tillhörighet, liksom de flesta andra så kallade vuxna människor han kände eller hört talas om redan ohjälpligt gjort, med konsekvensen att de blivit sittande vingklippta och stängda inne i omständigheter över vilka de inte alls i önskad utsträckning rådde ens som förmän, styrande, utvalda, varmed inte sagt att samtliga lyckats så pass, nej, snarare tvärtom, nedtyngda av utdragen närvaroplikt och hjälplöst babbel, att dag in och dag ut nödgas att vid liknande levande lik till klossar i samhällsbygget försöka komma överens och – eftersom någon sådan konsensus aldrig någonsin var möjlig att få till stånd – klaga i proportion därtill, individer som dessutom hade börjat att kompensatoriskt konfirmera och försvara uppnått anseende – som om politik, etik och juridik enbart uppfunnits för att slå vakt om

just deras egna särintressen – skapnader som inte längre fortsatte att välja
bort, vraka, se på distans, spricka upp och spräcka med intensivt äckel,
smärta och framhärdande i negationen, självmotsägelsen, avståendet, att
aldrig komma tillbaka, permanent nedsänkt i osäkerheten, idiosynkrasin
och det orimliga, eländiga, sannolikt urarma, utan andra ägodelar än
flykt, upplösning och kanske förvandling ...

Jan, på sitt håll, vek som vanligt av till vänster, österut, nere vid fy-
ren, satte för nästan hundrade gången piren och dess förhistoriska gräv-
skopskoloss inom parentes, för säkerhets skull, för att inte i det hett åstun-
dade finala återseendet bli ofrånkomligt besviken eller nödgas riskera att
stöta på Enanni och dras in i samtal, utan studsade i smyg, som obefogad
hemlighet, ånyo ut på det sammanpackade – nu i skymningen svala och
fuktiga – lutande underlag som strandkanten utgjorde. Vädret var långt-
ifrån oangenämt, för ögonblicket till och med så regn- och vindlöst att
han kunde ta in hur hela det blekröda solklotet skruvade sig närmare ho-
risonten bort mot fastlandet och de silverglänsande flygplanskropparnas
sjunkande skärvor till, inte ljusstarkare i det lätta diset än att han nästan
mäktade stirra rätt in i centrum av den glödande ballong av vätgas och
helium som började plattas till överst och underst. Så vred han huvudet
framåt igen, satte upp farten och yrde vidare över sandtungan som vore
han väsentligen viktlös. Svikten i steget hade återvänt efter vart här på
ön, konditionen, flåset, spänsten, medan däremot tvånget att nödvändigt
röka sig igenom de dagliga 40 till 50 cigaretterna i motsvarande grad nå-
got dämpats, utan att för den sakens skull helt upphöra, långt därifrån.
Ändå hade vistelsen inneburit en vändpunkt, ja, han skulle vilja kalla
det för att ha placerats på en veritabel vändskiva, drabbats av en privat
peripeti, ett åtråvärt och äntligen realiserat jämviktsläge, om inte annat,
om inte mer än ett ögonblicks verk, men heller absolut inget mindre än
upptakten till en ny fas, att befinna sig i lugnet mellan två kramper; det
tänkte han och såg samtidigt ned på de för resan enkom införskaffade
ultramarina, stabila, stötdämpande, med specialgjutna inlägg försedda
löpskorna där de en efter en som hastigast snuddade vid skorpan av sand
till färgen som finmalt mörkrostat kaffe, stolt över att ännu väga på kilot

lika mycket som för tio år sedan, utan att någonsin ha behövt byta hål i bältet, över att alltjämt kunna hålla sig så pass i form, att fortsätta i samma takt rätt fram utan att vända, utan att se sig om, utan att söka efter sina egna eller ens måsarnas fotsteg, klar över att fortfarande en bråkdel av en sekund kunna hålla ryggen upprätt och kroppens ofrånkomliga förfall stången där på stranden under rätt sol; där kände han sig egendomligt befriande hållfast, mitt i löpningens balansakt, fjäderlätt och genomblåst, utan att påverkas vare sig av gravitationen eller måsflocken som lyfte, ett övernaturligt stryktåligt rör, ett hastigt uppskov, en luttrad knippe ampra fibrer, en för omgivningen otillgänglig släktlös nästan oövervinnerligt viktlös brist på föresats, en kropp av rang som med blicken fäst i riktning mot soluppgången och spanska gränsen hade att trumma på med de bara isättnings-, landnings- och frånskjutsbenen maximalt uträtade, bringan avspänd och i den vita ärmlösa undertröjan med bröstkorgen lätt fram-åtlutat och axlarna sänkta, med de pendlande armarna böjda vid midjan, högra knytnäven i stunden sluten, den vänstra däremot vidöppen och med handflatan riktad mot sanden, marken, ön, jordklotet, med håret svagt vajande, av saltsprayen blåst snett från det evinnerliga havet till in mot land …

Epilog: Att gå sin egen väg

Det är en smal sak att skriva om sedan länge avlidna klassiker. Att däremot presentera en människa i ens egen ålder, en nära vän och kollega vars död eller verk många inte ens känner till är något annat. Denna text är ett försök att lägga ett slags preliminärt golv i den inrättning som fullt utvidgad kunde tänkas utgöra berättelsen om Jan Kauri.[1]

Jan dog i sin lägenhet i Luxemburg i maj eller juni 1999. Han arbetade sedan några år tillbaka som översättare på EU-kommissionen. Rent tekniskt är dödsorsaken höljd i dunkel, eftersom kroppen aldrig obducerades, trots familjens enträgna ansträngningar att få en obduktion till stånd. Då Jan efter semestern inte kom till jobbet öppnades lägenheten. En tillkallad läkare från arbetsplatsen förklarade i det han steg över tröskeln att det rörde sig om en naturlig död. Företagsläkarens beslut kunde därmed inte överklagas, märkligt nog, som om svensk praxis i sådana sammanhang plötsligt vägde mindre än intet.

Jan var vid det aktuella tillfället djupt deprimerad och hade så varit i åtta månader, egentligen så snart han blivit klar med sin tredje och sista, postumt publicerade, roman Ut ur skuggorna (Lejd, 2001). Den 29e september 1998, födelsedagen, ringde Jan mig från Luxemburg, trots att vi normalt brevväxlade. Han meddelade att den roman med vilken han av och till varit sysselsatt i nästan tio år nu äntligen var färdig, samt att han fruktade för vad han i det uppkomna läget skulle ta sig till, »när inte romanskrivandet längre kan hålla mig uppe«.

Redan nästa dag ringde han igen, och berättade att han inte gått till jobbet, att han omöjligt orkade göra det, men att han också, om inte nedstämdheten gick över, skulle uppsöka läkare, något han till min förvåning även gjorde direkt därefter. Jag uppfattade nämligen att Jan var mån om sin framtoning som en veritabel tuffing (att han snarare var ömtålig kände jag naturligtvis som gammal vän till), och antog att det skulle vara svårt för honom att uppsöka sjukvården. Den svenska enheten för översättande av EU-dokument – Jan översatte för egen del från engelska, franska, tyska och estniska – såg emellertid till att han regelbundet gick till en psykiater, och de besöken kunde Jan tala öppet om.

Han hade visserligen erfarenhet av motsvarande episoder förr, allt sedan tonåren, men kontakterna med läkare hade då inskränkt sig till att få sömnmedel utskrivna. Jan hade alltid mer eller mindre svårt med sömnen, eller annorlunda uttryckt: han fruktade ständigt att inte kunna sova ordentligt, för började han vaka blev problemen omedelbart rejäla, inte minst vad gällde att hålla de värsta demonerna stången. Jan hade såsom törstig en väl utvecklad ritual för att inte hamna i perioder av sömnbrist. Om det var något han till varje pris ville undvika var det att inte ha alkohol hemma.

Varför blev det så här? Jag vet inte, ärligt talat. Alla människor är praktiskt taget obegripliga, men som mer långlivad nära vän är det ett par saker som ändå pregnant har fäst sig i minnet.

Jans familj var estnisk, eller närmare bestämt tysk-estnisk, och tyska och estniska talade han också innan han började med svenska i skolan. Jans morfar Jaan Tönisson hade varit både Estlands statsminister och president (ständigt nämnd i författarskapet som »Konsuln«), den ledande estniska politikern sedan tidigt 1900-tal, försvunnen i Gulag eller sannolikare avrättad redan vid fängslandet 1941, tre år före Jans föräldrars flykt till Sverige. Med morfadern som på en och samma gång ouppnåelig förebild och icke desto mindre påtalad mall att efterlikna hade Jan – åtminstone som han framställde saken för mig – uppfostrats i en utpräglad exilmiljö

i södra Stockholm, en han i tonåren uppfattade som klaustrofobisk och
därför gjorde uppror mot, bara för att i takt med att åren gick likväl
alltmer intresserade sig för och till synes motsägelsefullt till sist faktiskt
månade om att utgöra en inlemmad del av.

Jans kusin, för övrigt med samma namn, var en mycket närstående vän
under uppväxten. Kusinen tog livet av sig vid 19 års ålder, något som
naturligt nog gjorde intryck på Jan. Han nämnde flera gånger den tidigt
»störtade« kusinen med en blandning av avund och beundran.

Jan talade ofta om att ta livet av sig, och praktiserade många gånger ett
minst sagt våghalsigt – för att inte säga dumdristigt – beteende, där döden
handgripligen skulle utmanas genom risktagande.

Jag tyckte först att sådan trotsig djärvhet var infantil, men det rörde
sig för Jan om en synnerligen laddad rit att ibland gå på broräcken, sitta
längst ute på en takkant eller simma orimliga sträckor till havs, trots
att kommersiella fartyg eller snabba motorbåtar påträffades mitt i hans
väg. Jan hade flera gånger varit nära att göra slut på alltsammans vid de
oregelbundet återkommande episoderna av sömnlöshet. Varför han tog
sömnlösheten så hårt förstod jag nog aldrig, men faktum är att han i
förväg stadigt gick och fruktade för nästa period av ofrivillig vaka.

Det hände att han ringde mitt i natten. Det var väl svårast första gången,
men eftersom jag inte tycktes ta illa upp, utan tvärtom bestämt hävdade
att han *måste* hojta till om krisen var akut, så gjorde han det.

Jag minns framför allt en sen försommarnatt i slutet av 80-talet då han
ringde klockan tre. Han hade inte sovit på ett par dygn, hade gett upp
försöken att falla i sömn just denna natt, och undrade om vi kunde ses
vid bensinstationen på Ringvägen (en som inte längre finns), på Söder-
malm, om tjugo minuter. Jag försäkrade att ett sådant möte skulle gå för
sig, kastade på kläderna och marscherade iväg. Väl framme vid bensin-
macken, som var öppen 24 timmar om dygnet, väntade Jan med en kasse
öl. Vi strosade ned till vattnet bakom Eriksdalsbadet, koloniträdgårdarna,
Södersjukhuset, och fortsatte med avbrott för en eller annan parkbänk
längs vägen mot Hornstull och Liljeholmen.

Jan kunde gå hur långt som helst, och springa eller simma med för den delen. En del av det ständigt pockande rörelsebehovet uppfattade jag som en säkerhetsventil, ett sätt att behöva göra sig extra trött, utmatta sig för att maximera chansen att somna.

Vi gick inte alls särdeles långt denna morgon, kanske sammanlagt sju-åtta kilometer, med den emotionella höjdpunkten sittande vid Årsta holmar, nyss lövutsprungna, rätt nedanför och öster om järnvägsbron, där vi tillsammans avhörde ett par duellerande näktergalar. Jan berättade att han varit nära att kasta in handduken denna natt, att han haft fullt av vassa knivar med sig i sängen, att han fick allt svårare att inte använda dem, och inte för att rispa sig lite i armen.

Jag lyssnade och flikade in en eller annan kort kommentar, så gick vi ytterligare en sträcka till långt efter gryningen, åt en stadig frukost på ett café och fortsatte prata till dess han föreföll att åter ha situationen någorlunda under kontroll. Vi skildes åt på vår östra halva av Södermalm, mot löftet att han måste ringa igen så snart det behövdes.

*

Gudarna ska veta att det finns korkade förläggare, för att inte säga mycket korkade, men *dessutom* slarviga.

Jan hade otur med sina, det vill säga han var nöjd med den förste, Thomas von Vegesack, men denne gick i pension strax efter publiceringen av Jans debutbok Arthurs bord, 1986, alltså den text han var eftertryckligt upptagen med på Farol. Guldålderns nestor avlöstes av det massmedialt uppblåsta löftet Björn Linell, numera »skribent«, den enskilda förläggare samtiden uppfattade som det största stjärnskottet på förläggarhimlen, men som i Jans ögon långtifrån var av föregångarens format. Nätt och jämnt var Jans andra bok, mästerverket Vem tjattrar sparvarna för, utgiven, 1990, så hade Linell studsat vidare i förlagscirkusen, och bronsåldern avlösts av en mätt i litterära värden järnålder på Norstedts, Svante Weilers. De träffades, när Jan trots avsevärd skygghet faktiskt pallrade sig iväg till någon av förlagets tillställningar.

För det som skulle bli Jans tredje bok hade Weiler emellertid föga förståelse eller snarare inte tålamod. Av refuseringsbrevet från januari 1999 framgår att förläggaren haft oerhört svårt att ens ta sig igenom den text han avfärdade som »ett experiment«. Romanen påstods vara inte endast krånglig, utdragen, osammanhängande och monoton, men dessutom full av idel »trivialiteter« som inte alls »rymmer en erfarenhet av verklig betydenhet«. Förläggaren ville bestämt avråda från publicering. Weiler tyckte inte att manus »håller den litterära klass man kan och ska förvänta sig av en författare med erfarenhet«.

Eftersom jag själv redan ingående granskat Ut ur skuggorna, skrev jag närmast en hel liten essä i brevform i ämnet, och bad med det åter bifogade manuset Weiler att ompröva beslutet, alldeles särskilt som det byggde på felaktiga, irrelevanta, påfallande ytliga och inte minst enfaldiga påståenden, för om Jans författarskap präglas av något är rätta ordet just erfarenhet. Ett sådant ärende var dock inget flugviktsförläggaren tänkte lägga ned möda på, så manus och följebrev kom obesvarat i retur med vändande post.

Efter en så skamlöst oseriös behandling – till råga på allt gällande en av förlagets egna och bästa författare – omnämnde Jan alltid sitt manus i de mest nedsättande ordalag, exempelvis som »this worthless piece of trash« (han skrev uteslutande på engelska till mig, och gick ofta så långt – som tydliggörs av skildringen från Farol – att han också insisterade på att *tala* engelska, trots att jag normalt höll mig till svenska).

När refuseringsbeskedet anlände var Jan – som framgått – sedan flera månader tillbaka ute på tunn is. Jag jobbade vid tillfället som Författarförbundets internationelle sekreterare, baserad i Stockholm, och fick därigenom mellan varven göra en del resor i tjänsten. Bland annat skulle jag bevista en författarkongress i Ljubljana, och kunde ta med en kollega. Jag inviterade Jan, och hoppades att uppbrottet och färden kanske skulle ge honom en gnutta nödvändig distraktion och mig en osökt anledning att förnya vår nu sparsamt infallande konkreta samvaro. Utan entusiasm svarade Jan ja till invitationen, alldenstund han ändå, som han sade, »skulle ha semester då«.

Jag höll honom fortlöpande informerad om kongressen via e-post, något jag precis lärt mig behärska, men som Jan nere i Luxemburg, trots ett länge rabiat motstånd mot allt vad it hette, plötsligt bemästrade så väl att han blivit sin avdelnings dataansvarige. När datum för avresan i början av maj närmade sig – vi skulle anlända till Ljubljana från respektive håll – meddelade arrangörerna att man inte erhållit tillräckligt stort EU-stöd för att kunna hålla konferensen, så den fick uppskjutas på obestämd tid.

Besviket ringde jag genast Jan, tillkännagav det inträffade och hoppades att han hade avbeställningsskydd på flygbiljetten, när det visade sig att han aldrig beställt någon. Jag undrade om han istället tänkt ta tåget, givet hans fäbless för tåg, enkom för att få höra att författarkongresser inte var något för honom.

Och jag som trott att vi skulle dit tillsammans, att vi faktiskt kommit överens om det! Och om han nu ändå inte tänkte åka kunde ju någon annan fått chansen.

Efter att ha visat min ilska, eller åtminstone besvikelse, så mycket som jag trodde att han tålde, började vi tala om nästa möte i Stockholm. Jan hade besökt mig en gång i Norge, där jag bodde halva året, medan jag aldrig besökt honom i Luxemburg, eftersom jag – kanske felaktigt – trodde att han inte ville ha besök. När Jan varit i Stockholm de senaste gångerna – för släktträffar (samma släkt som han ensidigt svartmålade för mig) – hade vi aldrig mötts, även om jag själv var i stan. Han aktade sig noga för att utannonsera besöken. Sista gången fick jag likväl nys om var han höll hus, och sprang iväg till hotell Malmen, där han tydligen skulle logera, bara för att i receptionen upplysas om att »Herr Kauri checkade ut för en kvart sedan«.

Som avtalat satt jag så i slutet av maj 1999 på Humlehof på Folkungagatan, och väntade på Jan. Det var här vi kommit överens om att ses klockan 18. Kvällen blev lång och de tjeckiska ölen många, alltför många, innan jag uppgivet vankade hem, utan att ringa Jan. Jag förstod att han knappast tänkte höra av sig, kanske inte ens befann sig i Stockholm eller inom överskådlig tid skulle komma dit, endast åter hade fört mig bakom ljuset. Han orkade väl inget annat, ville vara ifred, få vara ostörd på behörigt avstånd. Dock visste jag inte att han samtidigt dog eller som bäst förberedde sin sorti i lägenheten i Luxemburg.

Varför berätta det här? Dels för att författaren Jan Kauri besatt en unik sensibilitet och som sagt rikhaltig livserfarenhet, och skriver inte jag om honom riskerar hans verk att glömmas bort,[2] dels för att jag ännu rent subjektivt sörjer honom, något jag definitivt inte är ensam om. Han dog uppenbart på tok för tidigt, och av skäl som är komplicerade att reda ut. Att han kom att verka i ett land och en stad som han både vantrivdes påtagligt i och som behandlar sina författare som varken mer eller mindre än skräp gjorde inte saken lättare.

Jan var föga imponerad av den postmoderna vändning litteraturen tagit, eller av de författare i hans egen generation som medierna lyfte fram. Att han debuterade under det förment höglitterära 80-talet ändrade ingenting på detta. Kulturpolitrukerna föreskriver än idag – och *långt* mer – att prosaister måste skriva så till den grad förenklande att varje normalbegåvad kritiker eller lektör behändigt ska kunna tillgodogöra sig en litterär text mitt i julrusningen på ett varuhus. Detta är kriteriet på vad som numera räknas som romankonst. För Jan framstod en sådan hållning som ett hån.

Att han dessutom sade sitt hjärtas mening i samtal – eller lika talande alldeles höll tyst – gjorde ofrånkomligen hans sits ytterligare obekväm, med få undantag omgiven av ängsligt konsensusorienterade, politiskt rekordkorrekta och mediekåta kollegor som han var, utan exilerfarenhet eller acceptans för den som råkade vara känslig.

Även om Jan alltså inte var någon anhängare av Sverige och det småskuret svenska är han icke desto mindre en betydande skildrare av svensk natur, och kanske i än högre grad av det från stadskärnan sett tvetydiga utkantsområde som fransmännen kallar *terrain vague*, i detta fall strax söder om Stockholms innerstad, genom vilka han rastlöst strövat omkring sedan tonåren, och även lyckades dra iväg med mig mellan varven, på milsvida vandringar. Idag är många av dessa ödsligheter och kommersiellt oexploaterade ytor på grund av stadens förtätning borta, bokstavligen inkorporerade med samtidens mest braskande byggesmanifestationer.

Jans zoologiska och botaniska kunskaper kom väl till användning när det gällde att gestalta sörmländska biotoper, men det rör sig till syvende och sist inte om någon enklare form av naturalism, den minutiösa dokumentationen och de suggestiva detaljerna till trots, utan ljusspelet genom lövmassorna, koltrastarnas stafettsång (för att bruka Jans formulering), gatten mellan ungskogen och alla genomfarter och lagerbyggnader, storstadens aptit på jord och grus är precist inmonterade för att fungera som fond mot romankaraktärernas högst individuella öden och prekära tillstånd, inskrivna i ett existentiellt drama om fördärv och möjlig överlevnad, gestaltande övergången från sinnes- till minnesintryck och hela sträckan tillbaka/fram till glömska och akut försvinnande.

Jag vill egentligen inte besvara något alls med detta tillägg till framställningen om de två högmodiga ungtupparnas gemensamma vistelse på Farol 1983, bara ställa ett par ofrånkomliga frågor. Jag väljer därför – mot bakgrund av att Jans böcker är genomsyrade av en längtan efter utplåning, tomhet och tystnad – att ordagrant citera dedikationerna i hans två under livstiden publicerade böcker, fogade till min frus exemplar under Jans vistelse på Østlandet 1996.

I Arthurs bord skrev han följande:

» 'Cut is the branch that might have grown
full straight,
And burnèd is Apollo's laurel bough,
That sometime grew within This learned man.
Faustus is gone. Regard his hellish fall,
Whose fiendful fortune may exhort The wise
Only to wonder at unlawful things,
Whose deepness doth entice such forward wits,
To practise more than heavenly power permits.'
Dr. Faustus V, III, 20-7
Till Marianne,
med många hälsningar
från
Janne«

I Vem tjattrar sparvarna för skrev han omedelbart därefter så här:

» 'Vixere fortes ante Agamemnona
multi; sed omnes illacrimabiles
urgentur ignotique longa
nocte, carent quia vate sacro.'

(Many brave men lived before Agamemnon,
But all went down unmourned, unhonoured
Into the smothering darkness
For lack of a minstrel to be their glory-giver.)
Horace Ode IV, 9«

Hur idag förhålla sig till ett verk som i så hög grad vetter mot undergång
och som tydliggör de efterlevandes ansvar när det gäller att minnas vad de
döda åstadkommit, åt oss utlämnat, av oss beroende och måhända i bästa

fall livnärt? Hur förhålla sig till en individuell existens som paradoxalt nog, långt efter att den tagit slut, till synes aktivt tydliggör att vi inte kan minnas ens oss själva de döda förutan, som om det vore *vi* som egentligen utlämnats åt *dem*, beroende och livnärda av just samma varelser som jämfört med oss hungrande barnrumpor fullbordat ett omfångsrikare varv, erfarenhetsmässigt, som hunnit bli mänskligt rikare och värdigare genom att inte längre behöva finnas annat än i fortfarande levande människors orena och allt som oftast klena erinran?

Stockholm 2009

Noter

1) En tidigare version av denna framställning trycktes i tidskriften Ondit, nummer två 2007. För en introduktion till hela Jan Kauris författarskap se mitt förord till den postuma Ut ur skuggorna (Lejd, 2001).

2) Genom Tiiu Hansson-Kandres försorg har Jans böcker nu ändå till estniska översatts av Anu Saluäär. En sammankomst för att minnas Jan och hans författarskap hölls på Estniska huset i Stockholm den fjärde oktober 2014. Talare var – förutom jag själv och Anu Saluäär – Stig Larsson, Ulf Eriksson, Richard Wottle och Leif Lorentzon.